SOMMAIRE

La révolution socialiste et la lutte de libération des femmes

Résolution adoptée par le Congrès mondial. Cette résolution a obtenu 100 votes pour, 0,5 votes contre, 6 abstentions, 6,5 NPPV.

INTRODUCTION

Les positions de base du marxisme sur l'oppression des femmes font partie des fondements programmatiques de la IVe Internationale. Mais la résolution qui suit est la première résolution sur la libération des femmes adoptée par l'Internationale. Son but est de préciser notre analyse de l'oppression des femmes, ainsi que la place que la lutte contre cette oppression occupe pour nous dans les trois secteurs de la révolution mondiale : les pays capitalistes avancés, les pays coloniaux et semi-coloniaux et les États ouvriers.

LE CARACTÈRE DE L'OPPRESSION DES FEMMES

La nouvelle montée des luttes des femmes

1. Depuis la fin des années 1960, une révolte grandissante des femmes s'est fait jour contre l'oppression dont elles sont victimes en tant que sexe. À travers le monde, des millions de femmes, et particulièrement de jeunes femmes — étudiantes, travailleuses, ménagères — commencent à mettre en question certains des aspects les plus fondamentaux de leur oppression séculaire.

Le premier pays dans lequel cette radicalisation des femmes est apparue comme phénomène de masse, a été les États-Unis. Les signes annonciateurs en ont été l'éclosion de milliers de groupes femmes et la mobilisation de dizaines de milliers de femmes, le 26 août 1970 et lors des manifestations commémorant le 50e anniversaire de l'issue victorieuse de la lutte des femmes américaines pour le droit de vote.

Mais la nouvelle vague des luttes de femmes en Amérique du Nord n'est pas restée un phénomène exceptionnel et isolé comme l'a rapidement prouvé l'émergence de mouvements de libération des femmes dans les pays capitalistes avancés.

Ce nouveau mouvement de libération des femmes est apparu sur la scène de l'histoire dans le cadre d'un mouvement beaucoup plus général de la classe ouvrière et de toutes les couches et secteurs exploités et opprimés de la population mondiale. Ce mouvement a pris de multiples formes : grèves économiques, luttes contre l'oppression nationale, manifestations étudiantes, revendications écologiques, mouvement international contre la guerre impérialiste au Vietnam. Bien qu'il ait débuté parmi les étudiantes et les femmes des professions libérales, les revendications mises en avant par le mouvement des femmes, combinées aux contradictions croissantes du système capitaliste, ont commencé à mobiliser des couches beaucoup plus larges. Il a commencé à influencer la conscience, les aspirations et les actions de couches significatives de la classe ouvrière, hommes et femmes.

Dans de nombreux pays, la nouvelle montée des luttes de femmes a précédé toute modification importante de la combativité de la classe ouvrière organisée. Dans d'autres pays comme l'Espagne, cette montée a fait partie de l'explosion de luttes de la classe ouvrière sur tous les fronts. Mais dans pratiquement tous les cas, le mouvement est né en dehors, et de façon indépendante, des organisations de masse de la classe ouvrière, qui ont alors été obligées de répondre à ce phénomène nouveau. C'est ainsi que le développement du mouvement des femmes est devenu un facteur important de la bataille politique et idéologique pour affaiblir le pouvoir de la bourgeoisie et de ses agents au sein de la classe ouvrière.

La rapide croissance du mouvement de libération des femmes et le rôle qu'il a joué dans l'approfondissement de la lutte des classes, aussi bien au niveau international que dans divers pays, confirment que le combat pour la libération des femmes doit être considéré comme l'une des composantes essentielles de la nouvelle montée de la révolution mondiale.

2. Cette radicalisation des femmes est sans précédent quant à la profondeur des remises en cause économique, sociale et politique qu'elle exprime et quant à ses implications pour la lutte contre l'oppression et l'exploitation capitalistes.

Pays après pays, les femmes participent en nombre croissant à des campagnes de masse contre les lois réactionnaires sur l'avortement et la contraception, contre les lois oppressives du mariage, contre l'inadéquation des structures de garde des enfants, contre toute restriction légale à l'égalité. Elles dénoncent le sexisme et se battent contre la façon dont il s'exprime dans tous les domaines : depuis la politique, l'emploi et l'éducation jusque dans les aspects les plus intimes de la vie quotidienne, y compris le fardeau du travail ménager, la violence et l'intimidation dont elles sont victimes à la maison et dans la rue.

Les femmes avancent des revendications qui mettent en cause les aspects spécifiques de leur oppression dans le système capitaliste aujourd'hui et qui s'attaquent à la division traditionnelle du travail, division profondément enracinée entre hommes et femmes, à la maison comme à l'usine.

De plus en plus, elles exigent des mesures préférentielles ouvrant aux femmes les portes qui leur étaient fermées jusque-là dans tous les domaines, afin de triompher d'une discrimination institutionnalisée depuis des siècles. Elles insistent sur leur droit à participer, en totale égalité, à toutes les formes de la vie sociale, économique et culturelle : égalité dans l'éducation, dans l'accès au travail, salaire égal pour un travail égal.

Pour qu'une telle égalité devienne possible, les femmes recherchent les moyens de mettre fin à leur servitude domestique. Elles exigent la socialisation des tâches domestiques et que ces dernières ne soient plus considérées comme un « *travail de femmes* ». Les plus conscientes reconnaissent que c'est la société, et non la cellule familiale qui devrait être responsable des jeunes, des personnes âgées et des malades.

La lutte pour que l'avortement ne soit plus considéré comme un crime, pour que toutes les femmes puissent y avoir recours, a été au centre même de l'émergence du mouvement de libération des femmes. Le droit de disposer de son corps, de choisir si l'on veut des enfants, quand et combien, est un droit considéré par des millions de femmes comme une précondition élémentaire de leur libération.

De telles exigences touchent au cœur même de l'oppression spécifique des femmes qui s'exerce à travers la famille et elles ébranlent les fondements de la société de classes. Elles montrent à quel point la lutte pour la libération des femmes est un combat qui vise à la transformation de toutes les relations sociales et humaines, en quoi elle les place à un niveau différent, plus élevé.

3. Le fait que le mouvement de libération des femmes ait commencé à prendre la dimension d'un phénomène international, avant même que ne s'exacerbent les contradictions économiques du capitalisme mondial au milieu des années 1970, montre bien la profondeur sociale de cette révolte. C'est l'un des symptômes les plus clairs de la profondeur de la crise sociale que connaît aujourd'hui l'ordre bourgeois.

Ces luttes montrent à quel point sont dépassés les institutions et les rapports capitalistes qui engendrent des contradictions croissantes dans tous les secteurs de la société et qui accélèrent l'expression de formes nouvelles de la lutte des classes. L'agonie du capitalisme fait entrer de nouvelles couches sociales en conflit direct avec les besoins fondamentaux et les prérogatives de la bourgeoisie, amenant ainsi de nouveaux alliés à la classe ouvrière et la renforçant dans son combat pour balayer le système capitaliste. D'ores et déjà, le développement de la lutte des femmes contre leur oppression commence à priver la classe dominante de l'une des principales armes dont elle s'est longtemps servie pour diviser et affaiblir les exploités et les opprimés.

4. L'oppression des femmes a été l'une des principales caractéristiques de la société de classes à travers les âges. Mais la tâche pratique consistant à s'attaquer aux racines de cette oppression et à en combattre les effets ne pouvait se poser, à une échelle de masse, avant l'ère de transition du capitalisme au socialisme. La lutte pour la libération des femmes est inséparable du combat des travailleurs pour renverser le capitalisme. Elle est partie intégrante de la révolution socialiste et de la perspective communiste d'une société sans classes.

Le remplacement de la famille patriarcale basée sur la propriété privée par un type supérieur de relations humaines est l'un des premiers objectifs de la révolution socialiste. Ce processus s'accélérera et s'approfondira au fur et à mesure que les fondements matériels et idéologiques du nouvel ordre communiste verront le jour. Le développement du mouvement de libération des femmes aujourd'hui fait progresser la lutte des classes, la renforce et améliore les perspectives du socialisme.

5. Les femmes ne pourront mener à bien leur libération qu'à travers la victoire de la révolution socialiste mondiale. Ce but ne pourra être atteint que par l'organisation et par des mobilisations de masse des femmes, partie prenante de la lutte des classes. C'est là que réside la dynamique révolutionnaire objective des luttes pour la libération des femmes et la raison fondamentale pour laquelle la IVe Internationale doit s'investir dans ces luttes et contribuer à offrir une direction révolutionnaire aux femmes qui se battent pour leur libération.

Origine et nature de l'oppression des femmes

1. Contrairement à ce que beaucoup prétendent, l'oppression des femmes n'est pas déterminée par leur biologie. Ses fondements sont de nature économique et sociale. Tout au long de l'évolution de la société pré-classiste et de la société de classes, la fonction de reproduction des femmes a toujours été la même. Mais leur statut social n'a pas toujours été le statut dégradant d'une servante domestique soumise au contrôle et à l'autorité de l'homme.

2. Avant le développement de la société de classes, durant la période historique que les marxistes appellent

traditionnellement le communisme primitif (société de subsistance), la production sociale était organisée de façon communautaire et ses produits équitablement répartis. C'est pourquoi il n'y avait alors ni oppression ni exploitation d'un groupe ou d'un sexe par un autre car les bases matérielles pour de telles relations sociales n'existaient pas. Les deux sexes participaient à la production sociale, contribuant à assurer la subsistance et la survie de tous. Le statut social des femmes aussi bien que des hommes était le reflet du rôle indispensable que les unes et les autres jouaient dans le processus de production.

3. L'origine de l'oppression des femmes est liée à la transition de la société pré-classiste à la société de classes. Le processus exact selon lequel cette transition complexe s'est opérée est un objet permanent de recherches et de débat, y compris parmi ceux qui souscrivent à une vue matérialiste de l'histoire. Quoi qu'il en soit, les traits fondamentaux de l'émergence de l'oppression des femmes sont clairs.

Cette transformation du statut des femmes s'est effectuée en même temps que la croissance de la productivité du travail basée sur l'agriculture, la domestication du bétail et la constitution de stocks, que l'apparition de divisions nouvelles dans le travail, l'artisanat et le commerce, que l'appropriation privée d'un surproduit social croissant et que le développement de la possibilité pour certains de prospérer grâce à l'exploitation du travail des autres.

Dans ces conditions socio-économiques spécifiques, en même temps que l'exploitation d'êtres humains devenait source de profits pour un petit nombre de privilégiés, les femmes, à cause de leur rôle biologique dans la reproduction, devinrent une propriété rentable. Comme les esclaves ou le bétail, elles étaient source de richesses. Elles seules pouvaient produire de nouveaux êtres humains dont le travail pourrait être exploité par la suite. C'est pourquoi l'appropriation des femmes par les hommes qui s'octroyaient ainsi tous les droits sur leur future progéniture, devint l'une des institutions économiques et sociales du nouvel ordre basé sur la propriété privée. Les femmes se virent de plus en plus attribuer le rôle social de servantes et de productrices d'enfants.

Parallèlement à l'accumulation privée de richesses, la famille patriarcale se développa comme institution grâce à laquelle la responsabilité des membres non productifs de la société — et particulièrement des jeunes — était transférée de la société dans son ensemble à un individu particulier ou à un petit groupe d'individus. Ce fut la première institution socio-économique assurant la perpétuation d'une génération à l'autre de la division de la société en classes — division entre ceux qui possèdent des richesses et vivent du travail des autres et ceux qui, ne possédant rien, sont obligés de travailler pour d'autres afin de pouvoir vivre. La destruction des traditions égalitaires et communautaires du communisme primitif fut essentielle pour la naissance d'une classe exploiteuse et accéléra l'accumulation privée des richesses.

C'est là que réside l'origine de la famille patriarcale. En fait le mot famille lui-même, encore en usage dans les langues d'origine latine aujourd'hui, vient du mot latin « *famulus* » qui signifie l'esclave domestique, et du mot latin « *familia* » désignant l'ensemble des esclaves appartenant à un même homme.

Les femmes cessèrent d'avoir un rôle indépendant dans la production sociale. Leur rôle productif était déterminé par la famille à laquelle elles appartenaient et par l'homme dont elles dépendaient. Cette dépendance économique détermina le statut social de second ordre des femmes sur lequel ont toujours reposé la cohésion et la stabilité de la famille patriarcale. Si les femmes avaient tout simplement pu prendre leurs enfants et s'en aller, sans que cela suppose aucun handicap économique ou social, la famille patriarcale n'aurait pas survécu durant des millénaires.

La famille patriarcale et la soumission des femmes en son sein apparut en même temps que les autres institutions de la société de classes naissante pour affermir la nouvelle division en classes et perpétuer l'accumulation privée des richesses. L'État, avec sa police et son armée, ses lois et ses tribunaux, renforça ce type de rapports. L'idéologie de la classe dominante, y compris la religion, naquit sur cette base et joua un rôle vital pour justifier la dégradation à laquelle était soumis le sexe féminin.

4. La famille est l'institution fondamentale de la société de classes qui détermine le caractère spécifique de l'oppression des femmes en tant que sexe et la maintient.

À travers l'histoire de la société de classes l'institution familiale a prouvé sa valeur comme institution de la domination de classe. La forme de la famille a évolué et s'est adaptée aux besoins changeants des classes dominantes au fur et à mesure que les modes de production et les formes prises par la propriété privée évoluaient dans les diverses étapes du développement social. L'institution familiale dans le mode de production esclavagiste classique était différente de l'institution familiale sous le mode de production féodal (il n'y avait pas vraiment de famille chez les esclaves). Toutes deux différaient de ce que l'on appelle « *la famille nucléaire* » urbaine d'aujourd'hui.

De plus, l'institution familiale répond dans le même temps, à des exigences sociales et économiques différentes selon les classes qui ont des rôles différents dans la production, des droits de propriété différents, et dont les intérêts sont diamétralement opposés. Par exemple la « *famille* » du serf et la « *famille* » du noble étaient des formations socio-économiques fort différentes. Cependant elles faisaient partie l'une et l'autre de l'institution familiale, institution de la société de classes qui a joué un rôle indispensable à chaque étape de son évolution historique.

Dans la société de classes, la famille est le seul lieu vers lequel la plupart des gens puissent se tourner pour tenter de satisfaire un certain nombre de besoins humains fondamentaux tels que l'amour ou la vie commune. Aussi pauvrement que la famille puisse satisfaire ces besoins pour beaucoup d'entre eux, il n'y aura pas d'alternative tant qu'existera la propriété privée. La désintégration de la famille sous le capitalisme entraîne beaucoup de souffrance et de misère précisément parce qu'il ne peut y avoir aucune forme supérieure de relations humaines dans ce système.

Mais procurer affection et vie commune n'est pas ce qui définit la nature de l'institution familiale. C'est une institution économique et sociale dont les fonctions peuvent être résumées comme suit :

a) La famille est le mécanisme de base par lequel les classes dominantes se débarrassent de la responsabilité sociale de l'entretien économique de ceux dont elles exploitent la force de travail — la majorité du genre humain. La classe dominante tente, dans la mesure du possible, de rendre chaque famille responsable d'elle-même, institutionnalisant ainsi la répartition inégale des revenus et des richesses.

b) L'institution familiale fournit le moyen de transmettre les richesses d'une génération à l'autre. C'est le mécanisme social fondamental pour la perpétuation de la division de la société en classes.

c) Pour la classe dominante, l'institution familiale représente le mécanisme de reproduction de la force de travail le moins cher et le plus acceptable idéologiquement : rendre la famille responsable de la prise en charge des jeunes, cela revient à réduire au maximum la part de richesses sociales — devenues propriété privée — consacrées à la reproduction des classes laborieuses. Bien plus, le fait que chaque famille, isolément, lutte pour assurer la survie des siens, empêche les plus exploités et les plus opprimés de s'unir dans une action commune.

d) L'institution familiale renforce la division sociale du travail au sein de laquelle les femmes sont fondamentalement définies par leur rôle de génitrices, et se voient assigner des tâches en liaison directe avec cette fonction de reproduction : s'occuper des autres membres de la famille. Ainsi l'institution familiale repose sur, et renforce, une division sociale du travail où les femmes sont soumises au joug domestique et à la dépendance économique.

e) L'institution familiale est une institution répressive et conservatrice qui reproduit en son sein les rapports hiérarchiques et autoritaires nécessaires au maintien de la société de classes dans son ensemble. Elle entretient les attitudes possessives, compétitives et agressives nécessaires à la perpétuation de la division en classes.

Elle façonne le comportement et le caractère des enfants depuis leur plus jeune âge jusqu'à l'adolescence. Elle les modèle, les discipline, les embrigade, leur apprenant la soumission à l'autorité établie. Elle brise les rébellions et les impulsions anticonformistes. Elle réprime et dévie toute sexualité, la canalisant dans des comportements sexuels masculins ou féminins socialement acceptables, qui correspondent à ses objectifs en matière de reproduction ainsi qu'en ce qui concerne le rôle socio-économique des hommes et des femmes. Elle inculque toutes les valeurs sociales et les normes de comportement que les individus doivent assimiler pour survivre dans la société de classes et se soumettre à sa domination. Elle dévoie toutes les relations humaines en leur imposant le cadre de la contrainte économique, de la dépendance individuelle et de la répression sexuelle.

5. Sous le capitalisme, comme durant les autres périodes historiques, l'institution familiale a évolué. Mais elle demeure une institution indispensable de la société de classes, remplissant toutes les fonctions économiques et sociales esquissées plus haut.

Dans la bourgeoisie, la famille assure la transmission de la propriété privée d'une génération à l'autre. Les mariages procurent souvent des alliances profitables ou la fusion de capitaux importants, tout particulièrement dans les premiers stades de l'accumulation du capital.

Dans la petite bourgeoisie traditionnelle, chez les paysans, les artisans ou les petits commerçants, la famille est également une unité de production, basée sur le travail de ses membres.

Dans la classe ouvrière, bien qu'elle procure un minimum de protection mutuelle à ses membres, la famille est, au vrai sens du terme, une institution de classe étrangère à la classe ouvrière, une institution imposée au prolétariat qui sert les intérêts économiques de la bourgeoisie non ceux des travailleurs. Néanmoins, depuis leur enfance, les travailleurs sont conditionnés à la considérer (de même que le salariat, la propriété privée ou l'État), comme la plus naturelle et la plus durable des relations humaines.

a) Avec l'avènement du capitalisme et la croissance de la classe ouvrière, l'unité familiale parmi les travailleurs cesse d'être une unité petite-bourgeoise de production, bien qu'elle demeure l'unité de base où sont assurés l'entretien et la reproduction de la force de travail.

Chaque membre de la famille vend individuellement sa force de travail sur le marché. Le lien économique fondamental qui maintenait auparavant la famille dans les couches dominées et exploitées — par exemple, le fait qu'il fallait travailler ensemble pour survivre — commence à se dissoudre. Les femmes étant entraînées sur le marché du travail, elles acquièrent un minimum d'indépendance économique pour la première fois depuis l'apparition de la société de classes. Ce qui tend à miner, chez elles, l'acceptation de leur soumission dans le cadre domestique. En conséquence, c'est l'institution familiale elle-même qui se voit mise en cause.

b) De fait il y a contradiction entre l'intégration croissante des femmes au marché du travail et la survivance de la famille. Lorsque les femmes acquièrent une plus grande indépendance sur le plan économique et plus d'égalité, l'institution familiale commence à se désintégrer. Mais la famille est un pilier indispensable de la société de classe. Son maintien est essentiel à la survivance du capitalisme.

c) Le nombre croissant de femmes sur le marché du travail crée de profondes contradictions pour la classe dominante tout particulièrement pendant les périodes d'expansion accélérée. Le patronat doit employer davantage de femmes pour profiter de leur surexploitation. Mais l'emploi des femmes lui ôte la possibilité de perpétuer le système selon lequel les femmes sont responsables de l'essentiel du travail domestique gratuit qui consiste à s'occuper des enfants. Ainsi l'État, doit-il suppléer partiellement à la famille, en assurant certaines fonctions socio-économiques qui étaient les siennes auparavant comme l'éducation et la garde des enfants.

Mais ces services sociaux coûtent plus cher que le travail domestique des femmes qui, lui, est gratuit. Ils absorbent une partie de la plus-value qu'autrement les détenteurs du capital se seraient appropriée. Ils diminuent leurs profits. Bien plus, des services sociaux de cette sorte renforcent l'idée que c'est la société et non la famille qui devrait être responsable de ses membres improductifs. Ils font naître de nouvelles aspirations dans la classe ouvrière.

d) Le travail domestique effectué gratuitement par les femmes — cuisine, nettoyage, lessive, soins des enfants — joue un rôle économique spécifique dans le système capitaliste. Ce travail domestique est un élément nécessaire de la reproduction de la force de travail vendue aux capitalistes (qu'il s'agisse de la force de travail de la femme, de son mari, de ses enfants ou de n'importe quel membre de la famille).

Toutes choses égales, si la femme n'effectuait pas de travail gratuit dans les familles prolétariennes, cela impliquerait une élévation du niveau général des salaires. Les salaires réels devraient être assez élevés pour permettre d'acheter les biens et les services qui, à l'heure actuelle, sont produits au sein de la famille. (Bien sûr, le niveau de vie général nécessaire pour la reproduction de la force de travail est une donnée déterminée historiquement dans chaque pays et pour chaque période. Il ne peut être réduit brutalement en l'absence d'une défaite écrasante de la classe ouvrière.) En conséquence, toute réduction générale du travail domestique effectué gratuitement par les femmes impliquerait une réduction de la masse globale des profits, modifiant l'équilibre entre profits et salaires en faveur du prolétariat.

Quelle que soit son utilité, le travail domestique effectué par une femme ne produit pas de biens d'échange pour le marché ; il ne produit donc ni valeur ni plus-value, pas plus qu'il ne s'insère directement dans le processus d'exploitation capitaliste. En termes de valeur, le travail domestique effectué gratuitement au sein de la famille affecte le *taux* de la plus-value. Il augmente indirectement la masse totale de la plus-value sociale. Et ceci est vrai, que ce travail soit effectué par les femmes ou qu'il soit partagé par les hommes.

C'est la classe capitaliste (non les hommes en général, et certainement pas les salariés masculins), qui profite du travail gratuit effectué par les femmes au sein du foyer. Cette « *exploitation* » de la famille prolétarienne, dont le poids repose avant tout sur les femmes, ne peut être éliminée qu'avec le renversement du capitalisme et avec la socialisation des tâches domestiques dans le cadre du processus de la construction de la société socialiste.

e) Le rôle indispensable de la famille et le dilemme que crée pour les capitalistes l'augmentation de l'emploi des femmes deviennent des plus clairs en période de crise économique. La classe dominante a alors deux objectifs essentiels :

• elle doit chasser du marché du travail un nombre important de femmes pour recréer une réserve de main-d'œuvre et imposer un abaissement du niveau salarial.

• elle doit diminuer les coûts croissants des services sociaux fournis par l'État et retransférer le poids économique et la responsabilité de ces services sur chaque famille ouvrière prise individuellement.

Pour réaliser à la fois ces deux objectifs les capitalistes doivent lancer une offensive idéologique contre l'idée de l'égalité et de l'indépendance des femmes et renforcer la responsabilité de la famille individuelle à l'égard de ses propres enfants, de ses vieillards et de ses malades. Ils doivent renforcer l'image de la famille comme seule forme « *naturelle* » des relations humaines et convaincre les femmes qui avaient commencé à se rebeller contre leur statut subalterne que le vrai bonheur ne peut leur venir qu'en remplissant leur rôle « *naturel* » essentiel d'épouse-mère-ménagère. À leur grand dépit, les capitalistes commencent à découvrir que malgré leurs cris à propos de la crise et de l'austérité qui s'impose, plus les femmes sont intégrées au monde du travail et plus il est difficile de les renvoyer au foyer en nombre suffisant.

f) Lors des premiers stades de l'industrialisation capitaliste, l'exploitation, non réglementée, débridée et brutale des femmes et des enfants va souvent jusqu'à ébranler sérieusement la structure familiale dans la classe ouvrière et menace son utilité en tant que système permettant d'organiser, de contrôler et de reproduire la force de travail. C'était sur cette tendance que Marx et Engels avaient attiré l'attention dans la Grande-Bretagne du 19e siècle. Ils prédisaient la disparition rapide de la famille dans la classe ouvrière. Ils avaient raison quant aux fondements de leur analyse et de leur compréhension du rôle de la famille en système capitaliste, mais ils ont sous-estimé la capacité latente du capitalisme à ralentir le rythme de développement de ses contradictions internes. Ils ont sous-estimé la capacité de la classe dominante à intervenir pour réglementer l'emploi des femmes et des enfants et renforcer la famille afin de préserver le système capitaliste lui-même. Sous la forte pression exercée par le mouvement ouvrier pour atténuer l'exploitation brutale des femmes et des enfants, l'État est intervenu en fonction des intérêts à long terme de la classe dominante, allant même à l'encontre de l'objectif de chaque capitaliste pris individuellement : à savoir, pomper, 16 heures par jour, chaque goutte de sang de chaque travailleur, et les laisser mourir à 30 ans.

g) Les politiciens capitalistes, responsables de l'élaboration de politiques destinées à protéger et à défendre les intérêts de la classe dominante, sont très conscients du caractère indispensable du rôle économique, social et politique de la famille et de la nécessité de la conserver comme structure sociale de base du capitalisme. « *La défense de la famille* », ce n'est pas seulement un slogan démagogique de l'extrême-droite. Le maintien de l'institution familiale est l'orientation politique fondamentale de tout État capitaliste, dictée par les nécessités sociales et économiques du capitalisme lui-même.

6. Sous le capitalisme, l'institution familiale fournit aussi le mécanisme nécessaire à la surexploitation des femmes en tant que travailleuses.

a) Il procure au capitalisme une réserve de main-d'œuvre exceptionnellement souple, qui peut être lancée sur le marché du travail ou renvoyée au foyer avec beaucoup moins de conséquences sociales que n'importe quelle autre composante de l'armée de réserve.

Parce que toute la superstructure idéologique renforce la fiction selon laquelle la place des femmes est à la maison, un haut niveau de chômage parmi les femmes a relativement moins de conséquences sur le plan des mobilisations sociales. Après tout, dit-on, les femmes ne travaillent que pour apporter un appoint aux revenus déjà existants d'une famille. Quand elles n'ont pas d'emploi, elles sont tout de même occupées par les tâches domestiques et ne sont donc pas « *sans travail* » de manière aussi évidente. Souvent, leur colère et leur ressentiment ne peuvent se traduire par une menace sociale réelle vu leur isolement et leur atomisation de femmes au foyer, séparées les unes des autres. C'est pourquoi, dans les périodes de crise économique, les mesures d'austérité prises par la classe dominante impliquent toujours des attaques contre le droit des femmes au travail, se traduisent par des pressions accrues pour que les femmes acceptent des emplois à temps partiel, des allocations pour « *ménagères* » et la réduction des services sociaux tels que les crèches.

b) Parce que la place « *naturelle* » des femmes est supposée être au foyer, le capitalisme dispose d'explications rationnelles très largement admises pour perpétuer :

1. L'emploi des femmes dans des travaux peu payés et non qualifiés. « *Cela ne vaut pas la peine de les former puisqu'ensuite elles tombent enceintes, se marient et s'en vont.* » ;

2. L'inégalité et le bas niveau des salaires. « *Elles ne travaillent de toute façon que pour s'acheter des gadgets et des fanfreluches.* »

3. De profondes divisions au sein de la classe ouvrière elle-même : « *Elle prend le travail d'un homme.* » ;

4. Le fait qu'en proportion, peu de femmes travailleuses font partie des syndicats ou des autres organisations ouvrières. « *Elle ne devrait pas courir partout à des réunions. Sa place est à la maison pour s'occuper des gosses.* » ;

c) Puisque tout le système salarial est structuré à partir des salaires les moins élevés, cette surexploitation des femmes, comme main-d'œuvre de réserve, joue un rôle irremplaçable pour maintenir le bas niveau des salaires des hommes ;

d) La soumission des femmes au sein de l'institution familiale fournit les bases économiques, sociales et idéologiques qui rendent possible leur surexploitation. Les travailleuses sont exploitées non seulement en tant que force de travail salariée, mais aussi en tant que parias de la main-d'œuvre en raison de leur sexe.

7. Parce que l'oppression des femmes est historiquement liée à la division de la société en classes et au rôle de la famille comme unité de base de la société de classes, cette oppression ne pourra être supprimée qu'avec l'abolition de la propriété privée des moyens de production. Aujourd'hui, c'est le caractère de classe de ces rapports de production — et non les capacités productives de l'humanité — qui constitue l'obstacle à ce que les fonctions économiques et sociales attribuées à la famille sous le capitalisme ne soient transférées à la société dans son ensemble.

8. L'analyse matérialiste des origines historiques et des racines économiques de l'oppression des femmes est essentielle pour avancer un programme et des perspectives capables d'imposer la libération des femmes. Rejeter cette explication scientifique conduit inévitablement à l'une des deux erreurs suivantes :

a) L'une de ces erreurs, faite par beaucoup de ceux qui affirment suivre la méthode marxiste, consiste à refuser, ou tout au moins à minimiser l'existence de l'oppression des femmes en tant que sexe tout au long de l'histoire de la société de classes. Ils considèrent que l'oppression des femmes n'est qu'un aspect pur et simple de l'exploitation de la classe ouvrière. De ce point de vue ils n'accordent de poids et d'importance qu'aux luttes que les femmes mènent en tant que travailleuses sur leur lieu de travail. Ils pensent que les femmes seront libérées, au passage, par la révolution socialiste et qu'ainsi elles n'ont aucun besoin de s'organiser en tant que femmes luttant pour leurs propres revendications. En niant la nécessité pour les femmes de s'organiser pour lutter contre leur oppression, ils ne font que renforcer les divisions au sein de la classe ouvrière et retardent le développement de la conscience de classe parmi les femmes qui commencent à se révolter contre leur statut d'infériorité.

b) Une erreur symétrique est commise par celles et ceux qui estiment que la domination des hommes sur les femmes existait avant l'émergence de la société de classes et qu'elle se concrétisait à travers la division sexuelle du travail. Ainsi l'oppression patriarcale devrait-elle être expliquée autrement que par le développement de la propriété privée et de la société de classes. Le patriarcat est conçu comme un système de relations oppressives parallèle aux rapports de classes, mais indépendant d'eux.

Les courants qui ont développé ce point de vue de façon systématique isolent en général la question du rôle des femmes dans la reproduction et concentrent leur analyse sur ce seul point. Ils ignorent largement la primauté du travail coopératif, essence de la société humaine, et accordent peu d'importance à la place des femmes dans le processus de production à chaque étape historique. Certains vont même jusqu'à théoriser l'existence d'un mode patriarcal de reproduction, atemporel, basé sur le contrôle des hommes sur les moyens de reproduction (les femmes). Ils mettent souvent en avant des explications psychanalytiques, qui tombent dans un idéalisme a-historique, situant dans la biologie ou la psychologie les racines de l'oppression, et tournant ainsi le dos à toute conception marxiste des rapports sociaux.

Ce courant, parfois organisé sous le nom de « *féministes radicales* », regroupe à la fois des anti-marxistes déclarées et d'autres femmes considérant qu'elles proposent une « *redéfinition féministe du marxisme* ». Mais l'idée que l'oppression des femmes est parallèle au développement de la société de classes, et non qu'elle s'enracine dans l'émergence de celui-ci, conduit les plus cohérentes à affirmer la nécessité d'un parti politique de femmes basé sur un programme « *féministe* » qui se veut indépendant de la lutte des classes.

Elles sont hostiles et rejettent la nécessité pour les hommes et les femmes de s'organiser ensemble sur la base d'un programme révolutionnaire de la classe ouvrière pour mettre fin tout à la fois à l'exploitation de classe et à l'oppression sexuelle. Elles ne voient pas la nécessité de s'allier dans la lutte avec les autres couches opprimées et exploitées.

Chacune de ces approches unilatérales nie la dynamique révolutionnaire de la lutte pour la libération des femmes, partie prenante de la lutte des classes. Aucune des deux ne réussit à comprendre que la lutte de libération des femmes, pour triompher, devra dépasser les limites des rapports de propriété capitalistes. Chacune rejette ce que cela implique pour la classe ouvrière et pour sa direction marxiste-révolutionnaire.

Les racines de la nouvelle radicalisation des femmes

1. L'actuel mouvement de libération des femmes est l'héritier des premières luttes de femmes à la fin du siècle dernier.

Avec la consolidation de l'industrie capitaliste, au cours du 19e siècle, les femmes ont été intégrées au marché du travail en nombre croissant. L'écart entre le statut social et légal des femmes, hérité du féodalisme, et leur nouveau statut économique de travailleuses salariées vendant leur force de travail sur le marché, a produit des contradictions criantes. Pour les femmes de la classe dominante aussi, le capitalisme a ouvert la porte de l'indépendance économique. De ces contradictions est née la première vague de lutte de femmes pour l'égalité totale des droits avec les hommes.

Différents courants politiques prenaient part à cette lutte pour les droits des femmes. Beaucoup des dirigeantes suffragettes croyaient remporter le droit de vote en montrant à la classe dominante qu'elles apportaient un soutien loyal au système capitaliste. Certaines liaient la lutte des suffragettes au soutien à la Première Guerre mondiale impérialiste et s'opposaient souvent au droit de vote pour les non-possédants, hommes et femmes, immigrés et noirs.

Mais il existait aussi dans un certain nombre de pays un fort courant de femmes socialistes pour qui le combat pour les droits des femmes était partie prenante de la lutte de la classe ouvrière et qui mobilisèrent les hommes et les femmes de la classe ouvrière sur cette base. Elles se battaient pour le droit de vote et jouèrent un rôle décisif dans cette lutte dans des pays comme les USA. Elles se battaient également pour d'autres revendications comme l'égalité de salaire et la contraception. Même certains pays semi-coloniaux tels que le Chili, l'Argentine et le Mexique ont vu l'émergence de groupes féministes durant la même période.

Grâce à cette lutte, les femmes des pays capitalistes les plus avancés remportèrent, à des degrés divers, plusieurs droits démocratiques importants : le droit à l'enseignement supérieur, le droit de faire du commerce et d'exercer des professions libérales, le droit de percevoir leur propre salaire et d'en disposer (qui était considéré jusque-là comme le droit du mari ou du père), le droit d'être propriétaires, le droit au divorce, le droit de participer à des organisations politiques. Dans plusieurs pays, cette première révolte culmina dans des luttes de masse pour le droit de vote.

2. Le vote des femmes, conquis juste après ou parfois en même temps que le suffrage universel pour les hommes, fut un acquis objectif important pour la classe ouvrière. Il reflétait, et contribuait en retour à faire progresser les transformations qui s'opéraient dans le statut social des femmes. Pour la première fois dans la société de classes, les femmes étaient considérées comme des citoyennes légalement aptes à participer aux affaires publiques, avec le droit de s'exprimer sur les problèmes politiques majeurs, et non plus seulement sur des questions d'ordre privé et domestique.

Même si la raison fondamentale du statut subalterne des femmes réside dans les racines mêmes de la société de classes et dans le rôle particulier des femmes au sein de la famille, et non dans le fait que formellement la loi leur refuse l'égalité, l'extension des droits démocratiques aux femmes leur donna des marges d'action plus importantes, et elle aida les générations suivantes à comprendre que la source de l'oppression des femmes était plus profonde.

3. Les racines de la nouvelle radicalisation des femmes sont à rechercher dans les bouleversements économiques et sociaux de l'après-Seconde Guerre mondiale qui ont engendré de profondes contradictions dans l'économie capitaliste, dans le statut des femmes et dans la famille patriarcale. À des degrés divers, les mêmes facteurs ont joué dans tous les pays liés au marché capitaliste mondial. Mais il n'est pas surprenant que la résurgence du mouvement actuel des femmes ait d'abord eu lieu dans les pays capitalistes les plus avancés — tels les États-Unis, le Canada et la Grande-Bretagne — où ces transformations et contradictions étaient les plus profondes.

a) Les progrès de la médecine et de la technologie dans le domaine de la contraception et de l'avortement ont créé les moyens grâce auxquels les femmes peuvent avoir un contrôle plus grand sur leurs fonctions reproductrices. Le contrôle des femmes sur leur propre corps est une précondition à la libération des femmes.

Alors que de tels moyens médicaux deviennent plus facilement accessibles, les lois réactionnaires, renforcées par les coutumes bourgeoises, la bigoterie et toute la superstructure idéologique de la société de classes font souvent obstacle au contrôle par les femmes de leur reproduction. Des barrières financières, légales, psychologiques et « *morales* » sont forgées pour tenter d'empêcher les femmes de décider si et quand elles veulent avoir des enfants. En outre, la recherche de profits inhérente au système capitaliste, de même que le mépris sexiste en ce qui concerne la vie des femmes impliquent, pour celles qui usent de moyens contraceptifs, de prendre continuellement des risques sur le plan de leur santé.

Cette contradiction entre ce qui est possible et ce qui existe réellement, concerne toutes les femmes. Elle a été à l'origine des luttes massives pour le droit à l'avortement, qui ont été au centre du mouvement des femmes à l'échelle internationale.

b) Le « *boom* » économique prolongé de l'expansion d'après-guerre a provoqué un accroissement très important du pourcentage de femmes sur le marché du travail. Pour prendre l'exemple des États-Unis, 33,9 pour cent de l'ensemble des femmes âgées de 18 à 64 ans faisaient partie de la main-d'œuvre en 1950. En 1975 ce pourcentage atteignait 54 pour cent. Entre 1960 et 1975, près des deux tiers des emplois nouvellement créés furent occupés par des femmes. Les femmes travailleuses représentaient 29,1 pour cent de la population active en 1950, 43 pour cent en 1978.

Fait également important, le pourcentage de femmes travailleuses avec des enfants a augmenté massivement ainsi que le pourcentage de femmes travailleuses chefs de famille.

En Espagne trois fois plus de femmes qu'en 1930 travaillent aujourd'hui. En Angleterre de 1881 à 1951, la proportion de femmes qui travaillaient était restée assez stable, aux environs de 25-27 pour cent. En 1965, 34 pour cent des femmes de 16 à 64 ans travaillaient à plein temps, 17,9 pour cent à temps partiel, et en tout 54,3 pour cent entraient dans la catégorie des « *économiquement actives* ». Près de deux tiers des femmes travailleuses étaient mariées.

Seuls les pays qui avaient encore un fort pourcentage de population agricole après la Seconde Guerre mondiale ont connu une baisse de l'emploi féminin durant cette période. Ceci est dû au fait qu'avec l'exode rural, beaucoup de femmes n'ont pas retrouvé de place dans la « *population active* ». En Italie, par exemple, où ce facteur s'est combiné à un développement massif du chômage dans les petites entreprises du secteur « *typiquement féminin* », le pourcentage de femmes au travail a décliné.

Dans des régions très retardées comme l'Italie du sud ou le nord du Portugal, ce recul s'est combiné avec la résurgence du travail à domicile à une échelle significative. Les femmes sont poussées à faire à domicile un travail à la pièce sur leurs machines à coudre, évitant ainsi aux patrons les frais d'entretien d'une usine, le paiement des cotisations sociales, les grèves et autres « *problèmes* » liés à l'existence d'une force de travail organisée.

Tandis que se produisait un afflux des femmes sur le marché du travail, le degré de discrimination vis-à-vis des femmes sur le plan salarial ne s'est pas modifié. Dans de nombreux pays, la différence entre salaires masculins et féminins est en fait en train d'augmenter.

La première raison, c'est que l'accroissement de l'emploi ne s'est pas effectué dans toutes les catégories d'emploi. Dans presque tous les pays, les femmes représentent 70 ou 90 pour cent des salariés dans l'industrie textile, celle des chaussures, du prêt-à-porter, du tabac et autres industries légères où les salaires sont les plus bas.

Les femmes forment également plus de 70 pour cent des salariés des services, où la grande majorité d'entre elles occupent les postes les moins rémunérés : secrétaires, employées de bureau, infirmières, institutrices, perforeuses, etc.

La discrimination dans les secteurs de l'emploi, — exacerbée par le fait que, pour le même travail, le salaire des femmes est souvent moindre — est la raison fondamentale pour laquelle, même dans les pays où le mouvement ouvrier a le plus lutté sur cette question, le salaire moyen des femmes dépasse rarement 75 pour cent du salaire moyen des hommes. Cela explique aussi pourquoi cette différence peut même augmenter avec l'entrée massive des femmes dans les secteurs de l'économie où les salaires sont les plus bas. C'est le cas aux USA, où le revenu moyen des femmes travaillant toute l'année à plein temps, représentait 64 pour cent de celui des hommes en 1955, mais où il est tombé à 59 pour cent en 1977.

En dépit de leur place grandissante dans la population active, les femmes sont encore obligées d'assumer la majorité, si ce n'est la totalité des tâches domestiques en plus de leur travail salarié. En conséquence, elles cessent souvent de travailler temporairement quand elles ont des enfants, en particulier quand elles sont contraintes à faire de nombreuses heures de travail supplémentaire, et elles ont du mal à retrouver du travail plus tard. Si elles continuent à travailler, elles sont obligées de rester à la maison quand un enfant est malade.

Cette situation a conduit à un accroissement du travail à temps partiel des femmes — soit parce qu'elles ne peuvent trouver un emploi à plein temps, soit parce qu'elles ne peuvent autrement faire face à leurs tâches domestiques. Mais le travail à temps partiel correspond toujours aux salaires les plus bas, à une sécurité d'emploi moindre, à des avantages sociaux inférieurs, et implique plus de difficulté à se syndiquer.

Le pourcentage croissant des femmes dans la main-d'œuvre a eu un impact important sur l'attitude de leurs compagnons de travail. C'est vrai tout particulièrement là où les femmes ont commencé à se battre pour obtenir des emplois dans les secteurs industriels de base dont les femmes étaient exclues jusqu'ici.

Mais les femmes travailleuses continuent à se heurter à de nombreuses formes de discriminations et d'agressions sexistes, provoquées, organisées et maintenues par les patrons. Souvent, leurs compagnons de travail n'en ont pas conscience et ils font parfois preuve du même type d'attitude réactionnaire. Et la bureaucratie syndicale s'oppose à ce que le pouvoir des syndicats serve de levier pour surmonter les obstacles spécifiques auxquels les femmes sont confrontées, tels que le refus de leur accorder des congés payés en cas de maternité, les conditions de travail qui sont doublement dangereuses pour les femmes enceintes, ou les agressions des petits chefs et des contremaîtres qui usent de la place qu'ils occupent pour tenter de contraindre les femmes à avoir des relations sexuelles avec eux.

c) L'élévation du niveau moyen d'études des femmes a contribué à augmenter ces contradictions. Avec l'accroissement de la productivité du travail et l'élévation du niveau culturel général de la classe ouvrière, plus nombreuses sont les femmes qui finissent leur éducation secondaire. Les femmes sont admises dans les instituts d'enseignement supérieur à une échelle beaucoup plus large qu'auparavant.

Mais, comme le révèlent les statistiques, le pourcentage de femmes occupant un emploi en rapport avec leur niveau d'études est resté très bas. Dans tous les secteurs du marché du travail, de l'industrie aux professions libérales, les femmes qui ont des qualifications professionnelles plus élevées sont dépassées par des hommes qui ont fait moins d'études. Bien plus, durant toutes les études primaires et secondaires, on continue à pousser les filles — grâce aux filières d'études obligatoires, ou à partir de pressions plus indirectes — dans les emplois considérés comme correspondant au rôle des femmes.

Comme les femmes font davantage d'études, et que les luttes sociales augmentent leurs aspirations individuelles, le fardeau des tâches domestiques — étouffant et mortel pour l'esprit — ainsi que les contraintes de la vie familiale, leur deviennent de plus en plus insupportables. Ainsi le niveau d'études plus élevé des femmes, combiné à l'intensification de la lutte des classes, a approfondi la contradiction entre les capacités dont les femmes ont fait la preuve, leurs aspirations plus larges, et leur statut actuel sur le plan économique et social.

d) Les fonctions de la famille dans la société capitaliste avancée n'ont cessé de se restreindre, correspondant de moins en moins à une unité de petite production — soit agricole soit domestique (conserves, tissage, fabrication des vêtements, du pain, etc.). La famille nucléaire urbaine d'aujourd'hui a peu de choses à voir avec la famille paysanne productrice des siècles précédents. En même temps, dans leur recherche du profit, les industries capitalistes des biens de consommation et la publicité visent à augmenter l'atomisation et la répétition du travail domestique pour vendre à chaque famille sa propre machine à laver ou à sécher le linge, son lave-vaisselle, son aspirateur, etc.

Avec l'élévation du niveau de vie, le nombre moyen d'enfants par famille diminue énormément. La nourriture préparée industriellement, ainsi que d'autres services, deviennent de plus en plus accessibles. Pourtant, en dépit des progrès de la technologie, des études faites dans plusieurs pays capitalistes avancés montrent que les femmes qui ont plus d'un enfant et un emploi à plein temps doivent travailler de 80 à 100 heures par semaine — davantage qu'en 1926 et 1952 où des études semblables avaient été faites. Les appareils facilitent certains travaux ménagers mais la diminution de la taille moyenne de la famille fait que les femmes peuvent moins souvent qu'auparavant demander de l'aide aux grands-parents, tantes ou sœurs.

Avec tous ces changements, les fondements objectifs du confinement des femmes à la maison sont de moins en moins contraignants. Cependant, les intérêts de la classe dominante exigent le maintien de l'institution familiale. L'idéologie bourgeoise et le conditionnement social continuent à renforcer la fiction réactionnaire selon laquelle l'identité d'une femme et sa pleine réalisation doivent lui venir de son rôle d'épouse, de mère et de ménagère. La contradiction entre la réalité et le mythe devient de plus en plus évidente et de plus en plus intolérable pour un nombre croissant de femmes.

À propos de cet état de fait, on parle souvent de « *crise de la famille* », crise qui s'exprime au travers de l'augmentation énorme du taux de divorces, du nombre d'enfants qui fuguent, de la violence domestique.

4. L'extension des droits démocratiques et des services sociaux n'a pas « *satisfait* » les femmes et ne les a pas non plus poussées à accepter passivement leur statut social inférieur et leur dépendance économique. Au contraire, cela a stimulé de nouvelles luttes et des revendications plus élevées.

Ce furent en général les femmes jeunes, qui avaient reçu un enseignement post-secondaire, des femmes qui jouissaient d'une relative liberté de choix et qui avaient été les plus touchées par la radicalisation de la jeunesse dans les années 1960 qui, les premières, permirent l'expression organisée des « *griefs* » des femmes.

Cela a conduit certains, qui se disent marxistes, à conclure que le mouvement de libération des femmes est fondamentalement un mouvement de protestation des couches moyennes ou de la bourgeoisie, et qu'il n'a aucun intérêt pour les révolutionnaires ou pour la masse des femmes de la classe ouvrière. Ils ne pouvaient pas se tromper davantage.

Le tout premier développement du mouvement de libération des femmes a surtout servi à souligner la profondeur et l'étendue de l'oppression des femmes. Même des femmes, qui avaient de nombreux privilèges en matière d'éducation ou en d'autres domaines, sont entrées et continuent à entrer en action. Les plus opprimées et les plus exploitées ne sont pas nécessairement les premières à exprimer leur mécontentement.

5. La tendance des pays capitalistes les plus avancés à restreindre les dépenses sociales a contribué à la croissance du mouvement de libération des femmes ces dernières années, entraînant une participation toujours plus grande en son sein de femmes de la classe ouvrière. Après la Seconde Guerre mondiale, dans un contexte où la classe ouvrière exigeait la prise en charge croissante par l'État des services sociaux, la bourgeoisie, surtout en Europe, fut obligée d'étendre les facilités de logement, les services de santé, et les allocations familiales. Plus tard, comme le boom des années 1950-1960 augmentait les besoins en main-d'œuvre féminine, les systèmes de garde d'enfants, les garderies, etc., furent développés pour pousser les femmes à prendre un emploi.

Aujourd'hui, face aux difficultés économiques croissantes, la bourgeoisie effectue des coupes claires dans les dépenses sociales, et tente en retour d'obliger la famille à en supporter le fardeau, avec toutes les conséquences que cela a pour les femmes. Mais la résistance des femmes à se voir arracher les places qu'elles ont récemment acquises sur le plan du travail et l'opposition dont elles font preuve face à la suppression des services sociaux, tels que les fermetures de crèches, crée d'épineux problèmes de façon inattendue pour les classes dirigeantes dans de nombreux pays. Ayant acquis une conscience féministe grandissante, les femmes sont plus combatives et acceptent moins que jamais d'avoir à supporter la part la plus importante des conséquences de l'actuelle crise économique.

6. Bien que la radicalisation des femmes ait sa propre dynamique indépendante, déterminée par le caractère spécifique de l'oppression des femmes et les transformations objectives décrites plus haut, elle n'est pas isolée de la montée plus générale de la lutte des classes. Certes, elle n'est pas directement dépendante d'autres forces sociales, subordonnée à leur direction, ou soumise à leur initiative. Mais en même temps, le mouvement des femmes a été, et demeure, profondément lié à la montée des autres luttes sociales qui, tout comme lui, ont influencé la conscience de l'ensemble de la classe ouvrière.

a) Dès le départ, la nouvelle montée des luttes de femmes fut fortement marquée par la radicalisation internationale de la jeunesse, par la crise des valeurs bourgeoises et des institutions qui l'ont accompagnée. En effet, les jeunes — hommes et femmes — se mirent à contester la religion ; à refuser le patriotisme ; à mettre en question toute forme d'autorité hiérarchique, que ce soit au sein de la famille, à l'école, à l'usine ou à l'armée ; à rejeter le caractère inéluctable d'une vie entièrement consacrée à un travail aliéné. Les jeunes qui se radicalisaient se mirent à exprimer leur refus de la répression sexuelle, à mettre en cause la morale traditionnelle qui tire un trait d'égalité entre sexualité et reproduction. Pour les femmes, cela entraîna la contestation de l'éducation traditionnelle voulant qu'elles soient passives sur le plan sexuel, sentimentales, craintives et timides. De manière massive, les jeunes, y compris les femmes, devinrent plus conscients de leur misère sexuelle, recherchant des formes plus épanouissantes de relations affectives et personnelles.

b) L'un des facteurs qui a contribué à la radicalisation internationale de la jeunesse, c'est le rôle qu'ont joué les luttes de libération des nations et des minorités opprimées, aussi bien dans le monde colonial que dans les pays capitalistes avancés. De plus, ces dernières ont eu un impact décisif dans la prise de conscience concernant l'oppression des femmes en général. La lutte des Noirs aux États-Unis, par exemple, a joué un rôle crucial pour la compréhension massive et dans le rejet des schémas racistes. Les similitudes évidentes entre les attitudes racistes et les schémas sexistes représentant la femme comme inférieure, émotive, dépendante, comme une créature muette-mais-heureuse, ont suscité une sensibilité croissante et un refus toujours plus grand de telles caricatures.

Alors que le mouvement féministe se développait dans les pays capitalistes avancés, les femmes des nationalités opprimées ont commencé à jouer un rôle toujours plus important. En tant que minorités opprimées, en tant que femmes, et fréquemment en tant que travailleuses surexploitées, ces femmes subissent une double et souvent une triple oppression. Leur place objective dans la société implique qu'elles soient en position de jouer un rôle important sur le plan stratégique, au sein de la classe ouvrière comme parmi ses alliés.

Mais il y a généralement eu un retard dans le rythme selon lequel les femmes des minorités opprimées ont pris conscience de l'oppression spécifique qui les touche en tant que femmes. Il y a plusieurs raisons à cela. Pour beaucoup d'entre elles, dans un premier temps, le poids de l'oppression nationale qui les accable masque leur oppression en tant que femmes. De nombreux mouvements nationalistes ont refusé de prendre en charge les revendications des femmes, considérant qu'elles représentaient un facteur de division de la lutte de libération nationale. Le mouvement des femmes, pour sa part, a souvent failli dans ses tâches, s'avérant incapable de répondre aux besoins des couches de femmes les plus opprimées et les plus exploitées, ou de comprendre les difficultés spécifiques auxquelles ces dernières étaient confrontées. De plus, le poids de la famille est souvent particulièrement fort parmi les femmes des minorités opprimées, dans la mesure où celle-ci apparaît comme un certain havre face aux pressions dévastatrices du racisme et à la négation des valeurs culturelles.

Quoi qu'il en soit, une fois que la radicalisation est amorcée, l'expérience a déjà montré qu'elle prenait un caractère explosif, portant les femmes des minorités opprimées à la tête de nombreuses luttes sociales et politiques, y compris des luttes sur le lieu de travail, dans les syndicats, dans les campus ou dans les quartiers, les portant aussi à la tête des luttes du mouvement féministe. Ces femmes en viennent rapidement à comprendre que la lutte contre leur oppression en tant que femmes n'affaiblit pas mais renforce, au contraire, la lutte contre l'oppression nationale.

c) La crise des religions traditionnelles, et en particulier de l'Église catholique, a contribué à la naissance du mouvement des femmes. L'affaiblissement du poids de l'Église (qui s'accompagne d'un développement de l'occultisme et du mysticisme) est une manifestation évidente de la crise idéologique de la société bourgeoise. Toute religion organisée, qui fait partie des superstructures de la société de classes, prêche et renforce l'idée que les femmes sont des êtres inférieurs quand elles ne sont pas présentées comme l'incarnation du mal et de l'animalité. Le christianisme et le judaïsme, qui ont marqué la culture des pays capitalistes avancés, ont toujours affirmé l'inégalité des femmes, et leur ont toujours refusé le droit à une vie sexuelle indépendante de la reproduction.

Dans les pays où l'Église catholique a une influence particulièrement forte, ce sont souvent les femmes radicalisées qui sont à la pointe du combat contre le pouvoir et contre l'influence idéologique de l'Église, comme le montrent les manifestations de dizaines de milliers de femmes pour l'avortement en Italie, ou les manifestations contre les lois sur l'adultère en 1976 en Espagne.

En Israël également, la lutte pour le droit à l'avortement a ébranlé la stabilité du gouvernement Begin jusque dans ses fondements en 1979.

Dans beaucoup de nations opprimées, comme le Québec, l'Irlande, l'Euzkadi (pays basque) et chez les Chicanos, l'idéologie répressive de l'Église catholique s'est combinée de manière particulièrement oppressive avec le mythe de « *la femme-mère* », comme centre de la famille, seul pôle de stabilité sociale, affective et politique, seul refuge contre les ravages de l'oppression nationale. Au Québec, depuis des années, cet amalgame s'est exprimé à travers l'idée de « *la revanche des berceaux* » suggérant que les femmes doivent sauver la nation de l'assimilation en ayant beaucoup d'enfants.

d) Le mouvement des féministes lesbiennes est apparu comme un aspect à la fois lié mais aussi distinct de la radicalisation des femmes.

Les lesbiennes se sont organisées en tant que courant du mouvement pour les droits des homosexuels, éprouvant en général le besoin de lutter au sein du mouvement homosexuel afin de faire valoir leurs revendications en tant que *femmes* homosexuelles. Beaucoup d'entre elles se sont radicalisées en tant que femmes d'abord, et elles ont découvert que les discriminations dont elles étaient victimes en raison de leur orientation sexuelle n'étaient qu'un aspect des obstacles économiques et sociaux auxquels elles sont confrontées quand elles cherchent à décider du cours de leur vie. C'est pourquoi beaucoup de lesbiennes se sont trouvées à la tête du mouvement des femmes dès son origine. Elles ont fait partie de tous les courants politiques du mouvement de libération des femmes, depuis les courants de lesbiennes séparatistes jusqu'aux marxistes-révolutionnaires, et elles ont contribué à ce que le mouvement dans son ensemble devienne plus conscient des aspects spécifiques de l'oppression des lesbiennes.

Parce que les lesbiennes insistent sur le droit des femmes à vivre indépendamment des hommes, elles sont souvent la cible privilégiée des attaques de la réaction : de la propagande haineuse aux violences physiques, les attaques contre les lesbiennes et leur mouvement sont de fait dirigées contre l'ensemble du mouvement des femmes. Les tentatives faites pour diviser le mouvement des femmes par le rejet des lesbiennes doivent être refusées clairement et sans compromis pour que la lutte de libération des femmes puisse progresser.

e) Dans de nombreux pays capitalistes avancés, les femmes immigrées ont également joué un rôle spécifique. Non seulement elles sont surexploitées en tant que main-d'œuvre salariée, mais elles sont victimes de lois discriminatoires particulières. En tant que femmes, elles n'ont souvent pas le droit de suivre leur mari dans un pays donné à moins qu'elles n'aient pu s'assurer de trouver un emploi avant d'émigrer. Et lorsqu'elles trouvent du travail, elles sont souvent obligées de suivre leur mari ailleurs. Les mesures gouvernementales adoptées récemment dans plusieurs pays capitalistes avancés pour réduire le nombre des travailleurs immigrés ont rendu ces lois encore plus discriminatoires.

Dans un pays comme la Suisse où les travailleurs immigrés représentent près de 30 pour cent de la force de travail industrielle, ainsi que dans d'autres pays européens où les femmes immigrées représentent la majorité de la force de travail dans certains secteurs (comme les hôpitaux), les travailleuses immigrées ont joué un rôle décisif dans la prise de conscience politique du mouvement des femmes. Elles ont contribué à impulser des luttes dans les secteurs industriels employant une majorité de femmes travailleuses. Plus encore, elles ont permis de stimuler les débats du mouvement des femmes concernant la politique de la classe dominante sur le plan économique et social. Les lois discriminatoires à l'égard de l'immigration en général ; la xénophobie et le racisme ; les divisions qui en résultent au sein de la classe ouvrière ; la façon dont les femmes immigrées sont particulièrement touchées par ces divisions ; la nécessité que les syndicats et le mouvement des femmes luttent pour défendre les intérêts des couches les plus exploitées ; les problèmes auxquels sont confrontées ces femmes isolées à la fois dans leur foyer et par un environnement qui leur est hostile : ce sont autant de questions qui se posent au mouvement des femmes, amenant celui-ci à débattre de certains problèmes essentiels dans une perspective de lutte de classes.

7) La fin du boom de l'après-guerre, les problèmes économiques, sociaux et politiques qu'a rencontrés l'impérialisme à l'échelle mondiale, problèmes mis en lumière par la récession internationale de 1974-1975, ont entraîné une intensification des attaques contre les droits des femmes à tous les niveaux. Cela n'a pas conduit au déclin des luttes de femmes, pas plus que cela ne les a reléguées en marge alors qu'apparaissaient des forces sociales plus puissantes. Au moment où les luttes de la classe ouvrière organisée s'aiguisaient durant ces dernières années, la prise de conscience féministe et les luttes de femmes, loin de décroître, continuent au contraire à s'étendre : elles sont ancrées de plus en plus profondément dans le développement de la conscience sociale et de la combativité politique des hommes et des femmes de la classe ouvrière. La résistance des femmes à l'offensive économique, politique et idéologique de la classe dominante a été consolidée par l'élévation de la conscience féministe. Leurs luttes ont été une force motrice de la contestation sociale et de la radicalisation politique.

Les réponses de la bourgeoisie et des divers courants du mouvement ouvrier

1. Des divisions sont rapidement apparues au sein de la classe dominante quant à la meilleure façon de répondre à la nouvelle montée des luttes de femmes, dans le but de réduire leur impact et de les faire dévier de leur objectif. Après les tentatives initiales pour casser le mouvement des femmes en le couvrant de ridicule et de mépris, l'attitude qui prévalut dans la classe dominante fut une reconnaissance formelle du fait que les femmes avaient quelques justes motifs de mécontentement.

On vit alors la bourgeoisie essayer de se montrer concernée — en mettant en place des départements ministériels particuliers, des commissions, des projets pour capter l'attention des femmes tout en travaillant assidûment à gagner la direction du mouvement des femmes à ses schémas politiques de collaboration de classes. Dans la plupart des pays, la classe dominante fut obligée de faire quelques concessions, — apparaissant comme peu dangereuses sur le plan économique comme sur le plan idéologique — pour tenter ensuite de revenir en arrière.

Dans chaque cas le but était le même, quelle que soit la tactique adoptée : contenir la radicalisation naissante grâce à quelques réformes minimes du système capitaliste.

Dans beaucoup de pays européens, on a pu constater une amélioration de la protection de la maternité : extension des congés maternité, augmentation du pourcentage du salaire touché par les femmes bénéficiant de ce congé, garantie pour les femmes de retrouver un emploi après un congé sans solde pour maternité, etc. Dans d'autres pays, les gouvernements ont ostensiblement mené des débats sur l'opportunité de passer des lois sur l'égalité des salaires, ou des lois libéralisant le divorce. Aux USA, les deux partis capitalistes se sont disputés l'honneur de l'adoption d'un amendement à la constitution sur l'égalité des droits, alors que dans la pratique, ils sabotent tout ce qui est fait pour réunir suffisamment de votes afin que cet amendement prenne force de loi.

Quant aux mesures sociales qui pourraient avoir un résultat économique immédiat et significatif — telle, par exemple, l'extension des crèches — les acquis sont pratiquement inexistants.

La victoire la plus sérieuse remportée par le mouvement des femmes sur le plan international durant les dix années qui se sont écoulées depuis sa naissance, ce fut l'extension importante des droits donnant la possibilité aux femmes d'avorter légalement. Dans plus de vingt pays, une libéralisation marquée des lois sur l'avortement a vu le jour.

Dans tous les pays où les femmes ont obtenu que soient faits des pas en avant vers la reconnaissance du droit à l'avortement, il est très vite apparu clairement que ce droit n'est jamais vraiment acquis dans le système capitaliste. Partout où les femmes commencent à se battre pour le droit de contrôler leur fonction reproductive, l'aile la plus réactionnaire des défenseurs du capitalisme s'est aussitôt mobilisée pour empêcher que ne soit acquise cette précondition élémentaire à la libération des femmes. Le droit de choisir remet trop fortement en cause les fondements idéologiques de l'oppression des femmes.

Quoi qu'il en soit, il est politiquement important de comprendre clairement que les organisations d'extrême-droite telles que *Laissez-les vivre, Oui à la vie, Right to Life (Droit à la vie)* et *la Société pour la protection de l'enfant non né (Society for the Protection of the Unborn Child)* qui ont des liens avec les courants xénophobes, cléricaux, racistes ou fascistes, s'appuient sur la politique gouvernementale officielle. Ils ont pour fonction la défense fanatique du statu quo, faisant tout ce qui est en leur pouvoir pour en appeler aux préjugés les plus arriérés qui sont ancrés dans la classe ouvrière et la petite bourgeoisie, et ils rendent un service important à la classe dominante. Mais sans les encouragements en coulisse — mais aussi parfois de façon ouverte — des secteurs dominants de la bourgeoisie, leur rôle serait de beaucoup moins influent.

2. L'émergence du mouvement de libération des femmes a posé de gros problèmes à tous les courants politiques qui affirment représenter les intérêts de la classe ouvrière.

Les staliniens et les sociaux-démocrates en particulier ont été pris de court par le développement rapide d'une radicalisation importante qui ne se tournait pas vers eux pour trouver une direction.

Les réponses données par les deux courants réformistes de masse implantés dans la classe ouvrière, ont varié d'un pays à l'autre selon leur force numérique, leur base ouvrière et leur degré de pénétration dans la bureaucratie syndicale, ou la proximité de leur venue au gouvernement. Mais dans tous les cas les réflexes des staliniens et des sociaux-démocrates ont été déterminés par deux objectifs, parfois contradictoires : leur respect des institutions fondamentales de la domination de classe, y compris la famille ; et leur besoin de maintenir ou de renforcer leur influence sur la classe ouvrière de façon à pouvoir contenir les luttes de la classe ouvrière dans le cadre des rapports de propriété capitalistes.

La naissance du mouvement des femmes a obligé les staliniens aussi bien que les sociaux-démocrates à s'adapter à une situation politique en pleine évolution. L'année 1975 en particulier a vu une floraison de prises de position, partiellement en réponse aux initiatives de la bourgeoisie dans le contexte de l'Année internationale de la femme.

3. Sous la pression d'une partie de leur propre base, les partis sociaux-démocrates ont généralement réagi plus rapidement que les partis communistes à la montée du mouvement des femmes. Même si les PS ont montré des résistances à reconnaître officiellement l'existence du mouvement autonome des femmes, des militantes des PS, à titre individuel, ont souvent participé activement aux regroupements de femmes qui se créaient.

Les positions formelles prises par les PS se sont souvent avérées plus progressistes que celles des partis staliniens en particulier à propos de l'avortement en tant que droit des femmes. Partout où les partis socialistes ont pu, sans que cela leur coûte, améliorer leur image de marque en se déclarant favorables à des lois libérales sur l'avortement, ils n'ont pas hésité à le faire. Kreisky en Autriche, Brandt en Allemagne ont choisi dès le départ cette tactique. Face à la croissance du mouvement des femmes en Australie, le Parti travailliste australien a essayé d'améliorer son image de marque en accordant des subventions à de nombreux projets du mouvement, tels que des centres de soins pour les femmes et des refuges. Bien qu'en termes financiers, cela coûtât peu aux sociaux-démocrates, cela leur permit temporairement de détourner l'attention des femmes par rapport à l'inadéquation de leur politique d'ensemble. (À propos de l'avortement et des crèches par exemple.) Cela permit au Parti travailliste de se poser comme un gouvernement «*favorable aux femmes*».

Mais lorsqu'ils se trouvèrent confrontés aux premiers signes de réaction de certains secteurs de la bourgeoisie, les partis sociaux-démocrates ont vite battu en retraite. Alors que le Parti travailliste en Grande-Bretagne s'était formellement prononcé en faveur du droit à l'avortement, ce parti resta silencieux face aux propositions réactionnaires faites au parlement, qui visaient à imposer un retour en arrière, ramenant la loi sur l'avortement au statut antérieur à 1967. Introduites au départ par la motion d'un député du Parti travailliste en 1975, les nouvelles propositions tendaient toutes à restreindre la période durant laquelle les femmes peuvent obtenir un avortement, à limiter le droit à l'avortement des femmes immigrées, et à infliger de fortes pénalisations pour toute infraction à la loi. Ce n'est qu'en 1977, après une campagne de masse impulsée par le mouvement indépendant des femmes au travers du NAC *(National Abortion Campaign — Campagne nationale pour l'avortement)* et sous la pression de sa propre base que le congrès du Parti travailliste adopta une résolution en défense de la loi de 1967.

Les sociaux-démocrates se sont montrés particulièrement utiles au patronat quand il s'est agi d'imposer des mesures d'austérité pour réduire le niveau de vie de la classe ouvrière. Bien que faisant de grandes déclarations sur leur volonté d'alléger les charges des femmes ouvrières, les gouvernements sociaux-démocrates n'ont pas hésité à réduire les subventions accordées aux services sociaux comme le demandait la bourgeoisie. Récemment au Danemark ils ont supprimé d'un seul coup 5 000 emplois de personnes travaillant dans les crèches comme fonctionnaires de l'État.

4. Depuis les années 1930, après que la bureaucratie stalinienne eut consolidé son pouvoir en URSS et qu'elle eut transformé les partis de la IIIe Internationale en apologistes de la politique contre-révolutionnaire du Kremlin, la défense de la famille comme mode idéal des relations humaines est devenue la ligne des partis staliniens à travers le monde. Cela n'a pas seulement servi les intérêts de la caste bureaucratique en Union soviétique : cela répondait aussi à la nécessité de défendre le statu quo capitaliste partout ailleurs. Les théories ouvertement réactionnaires du PC français sur la famille furent développées pour la première fois quand le nouveau code de la famille fut introduit en URSS en 1934 et quand les avortements furent interdits en 1936.

Quelle que soit la démagogie des PC en ce qui concerne la double journée de travail des femmes, les revendications qu'ils avancent aujourd'hui vont servir dans le sens d'un aménagement de celle-ci afin de permettre aux femmes de remplir plus aisément les tâches domestiques qui leur incombent. Que ce soit à propos de l'amélioration des congés maternité, de la réduction des heures de travail, ou de l'amélioration des conditions de travail, la lutte est souvent justifiée par la nécessité de libérer les femmes pour qu'elles puissent accomplir leurs tâches ménagères — plutôt que de les libérer de ces tâches en socialisant ces dernières. L'autre solution parfois proposée, étant de demander aux hommes de partager plus équitablement le travail au foyer.

Mais la naissance du mouvement des femmes, les tentatives de la bourgeoisie pour récupérer celui-ci, les réponses apportées par d'autres courants du mouvement ouvrier ainsi que les pressions de leurs propres rangs ont obligé les partis communistes à modifier et ajuster leur ligne. Même les plus suivistes et les plus inconditionnels par rapport au Kremlin, comme le PC américain, ont été finalement obligés d'abandonner certaines de leurs positions les plus réactionnaires, comme leur opposition à un amendement à la constitution sur l'égalité des droits.

Plus la radicalisation s'est approfondie, plus les PC ont été contraints de manœuvrer et de faire preuve de souplesse, prenant part eux-mêmes au mouvement autonome des femmes et adoptant un langage toujours plus radical.

Les PC ont laissé leurs militantes s'engager dans des débats publics et dénoncer de manière cinglante les responsabilités du capitalisme en ce qui concerne le statut scandaleux des femmes. Mais quant au programme et à l'action, l'opposition de fait des PC à la libération des femmes reproduit leur opposition à toute lutte sur des bases de classe pour la satisfaction des besoins de la classe ouvrière en général. Ils sont prêts à enterrer n'importe quelle revendication, à dévoyer n'importe quelle lutte, pour préserver les alliances de collaboration de classes auxquelles ils tendent. Ainsi, malgré un changement de position formel du PC italien, malgré sa décision de soutenir la libéralisation des lois sur l'avortement en 1976, les députés communistes ont fait bloc avec la Démocratie chrétienne, empêchant la réforme de ces lois, parce que c'était un obstacle à la réalisation du « *compromis historique* ». De plus, il existe souvent un conflit entre les positions adoptées par les PC au niveau local — où ils apportent parfois leur soutien aux luttes pour la mise en place de crèches ou de centres avortement-contraception — et la politique nationale des PC qui appuient les mesures d'austérité entraînant des coupures dans les budgets des secteurs sociaux.

Le fossé existant entre les positions formelles des PC et les trahisons dont ils font preuve dans la lutte des classes a déjà provoqué de violentes tensions en leur sein ainsi que dans les syndicats qu'ils contrôlent. Et ceci en particulier parce que l'absence de démocratie interne accroît les frustrations des femmes qui commencent à percevoir les contradictions entre leur engagement personnel dans la lutte de libération des femmes et la ligne de leur parti. Elles n'ont aucun moyen d'influer sur les positions de leur organisation. Ainsi, quand le PC espagnol a signé le pacte de la Moncloa, pacte de collaboration de classes, des femmes du PC de Madrid, ont formé un groupe oppositionnel pour lutter pour la démocratie interne.

En France, au moment où des noyaux oppositionnels commençaient à se former dans le PC en 1978, des militantes de ce parti se regroupèrent autour du journal « *Elles voient rouge* ». Elles entendaient défendre leur point de vue et lutter contre la politique sectaire du parti qui refusait toute unité d'action avec d'autres forces politiques, que ce soit à propos de l'avortement ou d'autres objectifs de lutte.

Sur le plan organisationnel aussi, les staliniens ont été contraints à des ajustements. Dans un certain nombre de pays, les PC avaient constitué leurs propres organisations de femmes après la Seconde Guerre mondiale. Face à la nouvelle radicalisation des femmes, ils ont presque toujours tenté de faire passer ces organisations pour le seul vrai mouvement des femmes aux yeux de la classe ouvrière. Le mouvement autonome met en question leur prétention à être le parti qui parle au nom des femmes de la classe ouvrière, et leur réaction première a été de renforcer leur position sectaire.

En Espagne par exemple, le MDM « *Movimiento Democrático de la Mujer — Mouvement démocratique des femmes* », contrôlé par le PC, déclarait être, à lui seul, le mouvement des femmes ; et le PC s'est auto-proclamé le parti de la libération des femmes. Mais malgré la force du PC, le MDM était incapable de contrôler la radicalisation des femmes qui s'exprimait à travers la multiplication des groupes femmes à tous les niveaux de l'État espagnol. Vu son incapacité à imposer le MDM comme seul mouvement des femmes, le PC fut obligé de reconnaître l'existence d'autres groupes et de travailler avec eux.

5. Des contradictions semblables sont apparues dans les partis sociaux-démocrates avec l'engagement de certaines militantes dans le mouvement des femmes. Mais en même temps, la capacité des staliniens et des sociaux-démocrates à s'adapter aux nouvelles exigences mises en avant par les femmes radicalisées, a accru leur possibilité d'influencer le mouvement. Lorsque ces partis décident d'appuyer des mobilisations de masse comme ils l'ont fait récemment dans plusieurs pays à propos de la question de l'avortement, les positions réformistes qu'ils défendent ont d'autant plus d'impact sur la masse des femmes. Ce serait une erreur de sous-estimer leur poids politique.

6. Les organisations maoïstes et centristes ont pour la plupart adopté des positions sectaires et économistes sur le mouvement de libération des femmes, considérant ce dernier comme un mouvement petit-bourgeois, en contradiction avec leur conception du mouvement ouvrier.

Deux types de réponse se sont néanmoins dégagés dans ces organisations. Certaines ont refusé de participer aux structures autonomes et aux actions du mouvement de libération des femmes. Beaucoup de ces groupes sectaires ont mis en place leurs propres groupes de femmes, qui leur sont subordonnés et qu'ils opposent au véritable mouvement des femmes arguant qu'une telle démarche constitue la seule stratégie authentiquement révolutionnaire.

D'autres groupes maoïstes et centristes se sont orientés vers la participation au mouvement des femmes. Mais ils n'ont pas de compréhension claire de l'articulation entre la lutte de classe et la lutte de libération des femmes. Ils rejettent toute politique de front unique et sont suivistes par rapport au mouvement des femmes. Cela fut un facteur important dans les crises qui ont fait éclater plusieurs de ces groupes à la fin des années 1970.

7. Le mouvement syndical a lui aussi ressenti l'impact de la radicalisation des femmes et la bureaucratie a été obligée de répondre aux pressions des femmes dans et hors du mouvement ouvrier organisé.

Comme les staliniens et les sociaux-démocrates, dans le meilleur des cas, les directions syndicales ont essayé de limiter leur engagement quant aux revendications des femmes à des questions économiques comme l'égalité des salaires ou les congés maternité. Ils ont tardé à s'engager dans des luttes comme celle de l'avortement. Cependant le caractère de masse des syndicats, le nombre croissant dans leurs rangs de femmes dont beaucoup sont de plus en plus actives dans les commissions féminines, rend cette position des bureaucrates beaucoup plus difficile. Cela est apparu clairement en octobre 1979 lorsque le TUC *(Confédération nationale des syndicats)* de Grande-Bretagne, sous la pression toujours plus grande de sa propre base, a appelé a une manifestation nationale en défense du droit à l'avortement. Près de 50 000 personnes — hommes et femmes — y participèrent.

Des questions telles que les crèches, la socialisation du travail domestique, les conditions de travail des travailleuses à temps partiel, les revendications préférentielles pour les femmes, sont de plus en plus fréquemment posées dans le mouvement syndical à l'heure actuelle. Dans certains cas, les femmes lient explicitement ces revendications à la nécessité plus générale de briser la division traditionnelle du travail entre hommes et femmes.

En imposant ces revendications, les femmes travailleuses remettent en cause les tentatives des réformistes de maintenir la division entre questions économiques et luttes politiques et de limiter par ailleurs toute lutte susceptible de se développer. Elles aident la classe ouvrière à poser les problèmes, non en termes individuels, mais en termes collectifs et elles encouragent la base des syndicats à se tourner vers ses organisations de classe et à s'appuyer sur elles pour engager la lutte pour la satisfaction de tous les besoins sociaux.

Quand les femmes essayent de gagner le soutien des syndicats et de leurs directions pour défendre leurs revendications, elles sont obligées de poser en même temps la question de la démocratie syndicale. Elles doivent se battre pour avoir le droit de s'exprimer librement, d'organiser leurs propres commissions ou réunions non-mixtes, pour être représentées dans les directions ; elles ont à se battre pour que les syndicats organisent des crèches pendant les réunions, qui leur permettent d'être réellement actives dans les organisations ouvrières.

Certains syndicats ont sorti des publications spéciales, ont réactivé des commissions femmes moribondes, ont organisé des réunions de femmes syndiquées, ont mis sur pied des cours de formation pour les responsables syndicales.

Dans un certain nombre de pays, des comités intersyndicaux de femmes ont été organisés par les directions syndicales au niveau national, régional ou local. Ailleurs, de tels comités ont été créés sous l'impulsion de la base. La radicalisation des femmes et la crise économique grandissante ont aussi conduit à une montée du taux de syndicalisation des femmes dans certains pays capitalistes avancés.

Dans la plupart des cas, la création de commissions femmes dans les syndicats s'est faite avec la bénédiction des bureaucrates syndicaux. Ils espèrent ainsi contenir la radicalisation des femmes qui s'exprime dans les syndicats et canaliser leur énergie dans une voie ne menaçant pas le confortable statu quo qui existe à tous les niveaux — depuis le monopole masculin dans les postes de direction syndicale jusqu'à l'entente entre bureaucratie et patronat pour ignorer les besoins spécifiques des femmes travailleuses. Mais cela reflète l'impact énorme que le mouvement de libération des femmes a déjà sur les organisations du mouvement ouvrier. Aujourd'hui, les commissions féminines syndicales sont de plus en plus souvent le produit du mouvement des femmes autant qu'elles font partie du mouvement ouvrier. Elles sont à l'intersection de ces deux mouvements et peuvent, si elles ont une orientation correcte, aider à montrer la voie à chacun d'entre eux.

La libération des femmes dans les pays coloniaux et semi-coloniaux

1. La libération des femmes ne concerne pas seulement les femmes des pays capitalistes avancés ayant un niveau d'éducation et un niveau de vie relativement élevés. Il s'agit au contraire d'un élément vital pour la masse des femmes dans le monde entier. Les pays coloniaux et semi-coloniaux ne font pas exception.

Il existe une grande diversité dans les conditions socio-économiques et dans les traditions culturelles des pays coloniaux et semi-coloniaux. Cela va de conditions extrêmement primitives dans certaines régions à un degré d'industrialisation considérable dans des pays comme Porto-Rico ou l'Argentine. Tous les pays coloniaux et semi-coloniaux souffrent cependant des effets de la domination impérialiste qu'ils subissent en commun. Ce qui se traduit de manière spécifique pour les femmes de ces pays.

La domination impérialiste signifie que les rapports de production capitalistes se sont superposés et combinés avec des modes de production et des rapports sociaux précapitalistes, de type archaïque, transformant et intégrant ces derniers à l'économie capitaliste. En Europe de l'ouest, l'apparition du capitalisme fut marquée, dans les pays les plus avancés, par des révolutions démocratiques bourgeoises visant à briser le pouvoir économique et politique des anciennes classes féodales dominantes. Mais dans les pays coloniaux, la pénétration impérialiste a le plus souvent renforcé les privilèges, la hiérarchie et les traditions réactionnaires des classes dominantes précapitalistes, sur lesquelles elle s'est appuyée, partout où elle le pouvait, pour maintenir la stabilité et renforcer l'exploitation impérialiste.

Usant de la torture, de l'extermination, du viol et d'autres formes de terreur à une échelle de masse, allant même jusqu'à la mise en esclavage ouverte des populations natives d'Afrique, l'expansion du capitalisme européen s'est exprimée par une colonisation brutale de l'Amérique latine et de certaines parties de l'Asie et de l'Afrique, les précipitant sur le marché mondial. Le christianisme, dont l'introduction fut simultanée à la pénétration des conquérants européens et parfois américains représenta souvent l'un des principaux moyens de domination utilisés par ces derniers.

Pour les femmes du monde colonial et semi-colonial, la pénétration de l'économie de marché capitaliste a un effet contradictoire : d'une part, elle introduit de nouveaux rapports économiques qui jettent les bases permettant aux femmes de commencer à dépasser leur oppression séculaire. Mais d'autre part, elle reprend à son compte et elle utilise les traditions archaïques, les codes religieux et les préjugés hostiles aux femmes, renforçant ces derniers au travers de nouvelles formes de discrimination et de surexploitation.

De manière générale, la situation des femmes est directement liée au degré d'industrialisation existant. Mais le développement inégal et combiné peut être à l'origine de contradictions frappantes dans certaines sociétés : dans certaines régions d'Afrique, par exemple, les femmes qui sont responsables de l'agriculture — à un stade encore très primitif —, jouissent parfois d'une indépendance économique relative.

2. Dans les pays coloniaux, le développement de la production capitaliste s'effectue en fonction des besoins de l'impérialisme. C'est pourquoi l'industrialisation ne progresse que lentement et, pour autant que ce soit le cas, de manière déséquilibrée et déformée. Dans la plupart des pays semi-coloniaux, la majorité de la population vit encore à la campagne ; elle dépend de cultures de subsistance, utilisant des méthodes agricoles extrêmement arriérées. La famille — qui inclut en général tantes, oncles, nièces, neveux et grands-parents — demeure l'unité de base de la petite production agricole.

Les femmes jouent un rôle économique décisif. Non seulement elles travaillent aux champs durant de longues heures, mais elles mettent au monde des enfants qui, plus tard, prendront en charge leur part de travail et assureront la sécurité des vieux sur le plan économique. Elles se marient à l'âge de la puberté et donnent souvent naissance au plus grand nombre d'enfants possible. Leur valeur est généralement déterminée par le nombre d'enfants qu'elles ont eus. Une femme stérile est considérée comme un déshonneur social et comme une calamité économique. La stérilité est souvent source de divorce.

En raison de sa fonction économique, la famille maintient sur tous ses membres, mais en particulier sur les femmes, une emprise qui reste extrêmement forte. Cette combinaison entre une situation économique primitive et le poids des relations familiales place les femmes paysannes vivant dans les régions agricoles dans un état de privation et d'avilissement profonds. En pratique, elles n'ont quasiment aucun droit en tant qu'individus sur le plan légal comme sur le plan social, et souvent, c'est à peine si elles sont considérées comme des êtres humains. Elles vivent de fait sous la domination et sous le contrôle absolus des individus mâles de leur famille. Très souvent, le peu de ressources de l'unité familiale est réparti d'abord entre les hommes ; il n'est pas rare que les petites filles aient droit à moins de nourriture et à moins de soins que les garçons, ce qui se traduit par une stature chétive ou une mort précoce pour cause de malnutrition. L'infanticide des fillettes est encore pratiqué dans de nombreuses régions, que ce soit de manière directe ou par le biais de négligences délibérées. Le taux d'analphabétisme chez les femmes atteint souvent près de 100 pour cent.

3. L'incorporation des pays coloniaux et semi-coloniaux dans le marché capitaliste mondial a des conséquences inévitables dans les régions agricoles. L'inflation et l'impossibilité d'être compétitif face à des unités de production plus grandes, qui usent de méthodes plus rentables, est à l'origine des vagues continuelles de migration de la campagne vers les villes. Souvent, cette migration commence par les hommes de la famille qui laissent aux femmes, aux enfants et aux vieillards un fardeau encore plus lourd lorsque ces derniers doivent se débrouiller pour tirer eux-mêmes de la terre ce qui leur permettra tout juste de subsister.

La recherche désespérée d'un travail finit par entraîner des millions de travailleurs à quitter leur pays d'origine pour émigrer vers les pays capitalistes avancés. Pour autant qu'ils aient la chance d'y trouver un emploi, ce sera dans des conditions de surexploitation généralement atroces.

L'isolement et les traditions arriérées des régions agricoles tendent à être mis en question et à disparaître, non seulement en raison de la migration vers et en provenance des villes, mais aussi en raison de la pénétration des mass media comme la radio et la télévision.

4. Avec la migration vers les villes, les nouvelles conditions de vie et de travail commencent à remettre en cause les normes traditionnelles et les mythes relatifs au rôle des femmes.

Dans les villes, la famille petite-bourgeoise disparaît rapidement dans la plupart des cas comme unité de production. Chacun de ses membres est obligé de vendre individuellement sa force de travail. Néanmoins, vu la situation extrêmement précaire de l'emploi, et vu les responsabilités qu'ont souvent les masses semi-prolétaires des villes vis-à-vis de leurs parents restés à la campagne, l'unité familiale continue fréquemment à comprendre les tantes, les oncles, les cousins, les frères, les sœurs et leur progéniture, en plus du père, de la mère et des enfants.

Au sein de la bourgeoisie moyenne comme dans les secteurs plus stables du prolétariat urbain, l'unité familiale tend cependant à se réduire.

Quand elles émigrent vers les villes, les femmes sont mieux placées pour avoir accès à l'éducation, pour entretenir des contacts sociaux plus larges et jouir d'une certaine indépendance économique. Les besoins du capitalisme, qui entraînent un nombre toujours plus grand de femmes à sortir de leur isolement familial, entrent en contradiction avec les vieux schémas sur le rôle des femmes dans la société. En prenant des emplois comme travailleuses industrielles ou comme employées dans les services, les femmes se mettent à occuper des positions qui leur étaient interdites auparavant vu les préjugés et les traditions arriérées. Celles qui parviennent à acquérir une formation leur permettant d'entrer dans des professions comme celles d'institutrice ou d'infirmière font figure d'exemples qui apparaissent comme conflictuels avec les attitudes traditionnelles, et ceci même aux yeux des femmes qui ne travaillent pas. Le mythe de l'infériorité des femmes est de plus en plus ébranlé par cette réalité qui met en cause leur soumission ancestrale.

Même pour les femmes qui ne peuvent avoir accès à l'éducation ou à un travail extérieur à leur foyer, les conditions de vie en ville leur permettent d'échapper à la prison mentale que faisait peser sur elles l'isolement de la famille rurale. Ceci tant en raison de l'impact des mass media, que de la proximité de la vie et des luttes politiques ou de l'existence d'appareils ménagers modernes, de laveries, etc.

5. Dans les pays coloniaux et semi-coloniaux, les femmes représentent généralement un pourcentage de la main-d'œuvre beaucoup plus faible que dans les pays impérialistes. Cela varie entre 8 et 15 pour cent — avec des pointes qui vont parfois jusqu'à 20 pour cent — par comparaison avec les pays capitalistes avancés où cette proportion va de 30 à 40 pour cent.

Comme de bien entendu, les femmes occupent surtout les emplois les moins qualifiés, les moins bien payés et les moins protégés en ce qui concerne les conditions de travail, la garantie d'un salaire minimum, etc. C'est particulièrement vrai pour les travaux agricoles, pour le travail à domicile et pour les emplois de travailleuses domestiques où elles forment l'essentiel de la main-d'œuvre. Le salaire moyen des travailleuses représente à peu près le tiers ou la moitié de celui des travailleurs masculins. Lorsque les femmes ont accès à l'éducation et qu'elles acquièrent une certaine qualification, elles sont confinées, encore plus strictement que dans les pays capitalistes avancés, dans des emplois « *typiquement féminins* » comme ceux d'infirmières et d'institutrices.

Mais les femmes sont aussi présentes dans les industries du textile, de l'habillement, de l'alimentation et de certaines parties de l'industrie électrique où elles forment souvent la majorité de la main-d'œuvre employée. Compte tenu de la prédominance absolue de l'industrie légère dans les pays coloniaux les plus industrialisés, cela signifie que, malgré leur faible pourcentage dans l'ensemble de la force de travail, les travailleuses peuvent occuper une place stratégique décisive. À Porto-Rico, par exemple, les femmes forment la majeure partie des secteurs pharmaceutique et électrique qui sont les principales industries du pays.

L'emploi des femmes dans de tels secteurs industriels est crucial pour les surprofits impérialistes, à la fois parce que cela représente une source de travail bon marché et parce que l'emploi des femmes dans des travaux moins bien payés permet aux capitalistes de diviser et d'affaiblir la classe ouvrière, ainsi que de maintenir au plus bas le niveau général des salaires. Le processus d'accumulation impérialiste ne peut être clairement compris si l'on n'explique pas le rôle que joue la surexploitation des femmes travailleuses dans les pays semi-coloniaux.

Dans l'ensemble du monde colonial, le chômage et le sous-emploi sont sources de crise permanente et ce sont avant tout les femmes qui font les frais de cette situation. Pour aider leur famille à survivre, elles sont souvent contraintes d'avoir recours à des sources de revenus précaires telles que la vente d'objets de pacotille ou de plats cuisinés à la maison, les lessives à domicile. La prostitution est souvent leur seul recours.

Le chômage endémique exacerbe également l'alcoolisme et le recours à la drogue qui se traduisent par un renforcement de la violence à l'égard des femmes et par un état de pauvreté encore plus désespéré.

6. Dans beaucoup de pays coloniaux et semi-coloniaux, les femmes n'ont pas encore obtenu les droits démocratiques les plus élémentaires que les femmes des pays capitalistes avancés ont acquis au 19e et au 20e siècle. Dans de nombreux pays, les lois continuent à assujettir les femmes au contrôle légal des hommes. Cela inclut notamment les lois exigeant l'autorisation du mari pour qu'une femme puisse travailler, permettant à celui-ci de disposer du salaire de son épouse, ou les lois accordant automatiquement au mari la garde des enfants et le contrôle du lieu de résidence de sa femme. Dans certains pays, les femmes sont encore vendues en mariage. Elles peuvent être assassinées impunément pour avoir violé l'« *honneur* » de leur mari.

Là où des réformes sont intervenues dans le code légal, assurant plus de droits aux femmes, cela reste le plus souvent formel. En pratique, les femmes sont incapables de faire valoir leurs droits vu le poids écrasant de la pauvreté, l'analphabétisme, la malnutrition, leur dépendance économique et les traditions arriérées qui forment les limites de leur existence. L'impérialisme à l'agonie représente donc un obstacle à l'obtention des droits démocratiques les plus élémentaires pour les femmes du monde colonial.

7. Le pouvoir et l'influence de la religion sont particulièrement forts dans les pays coloniaux et semi-coloniaux en raison de l'arriération économique, ainsi que du renforcement et de la protection des hiérarchies religieuses de la part de l'impérialisme. Dans beaucoup de pays, il n'y a pas de séparation entre les institutions religieuses et les institutions d'État. Et même là où une séparation officielle existe, les coutumes et les dogmes religieux gardent tout leur poids. Certaines lois, notamment parmi les plus barbares à l'égard des femmes, se fondent sur des codes religieux. En Inde, la misère de millions de femmes est accentuée par le système de castes qui, bien que n'étant plus sanctionné par la loi, se base sur la religion hindoue. Dans les pays musulmans, la tradition voulant que les femmes soient voilées — tradition encore très influente —, vise à exclure totalement les femmes de la vie publique et à leur dénier toute existence propre. Dans les pays catholiques, le droit au divorce est souvent limité quand il n'est pas tout simplement nié.

8. La violence contre les femmes, qui a toujours été une composante inhérente de leur soumission économique, sociale et sexuelle tout au long des divers stades de développement de la société de classe, est encore accentuée avec les contradictions introduites par la domination impérialiste. Les plus grandes facilités d'accès pour les femmes à l'éducation et au travail, liées à une plus grande participation de leur part à la société en général, leur permet de mener une existence moins confinée, plus ouverte à la vie publique, en rupture totale avec les

anciennes valeurs et la tradition. Mais la tentative des femmes d'user de ces possibilités et de briser avec leur rôle traditionnel provoque bien souvent des réactions chez leur mari ou chez leurs parents de sexe masculin, réactions qui peuvent se traduire par leur exclusion du cercle familial, par le fait qu'elles sont battues, mutilées, voire assassinées. Ce type de violence barbare vis-à-vis des femmes est souvent sanctionné par la loi. Et même là où elle est illégale, la violence est souvent si largement admise dans la pratique qu'elle reste impunie.

9. Les possibilités d'éducation pour les femmes dans les pays coloniaux et semi-coloniaux demeurent extrêmement limitées en comparaison de celles qui existent dans les pays capitalistes avancés. Cela se traduit par un taux très élevé d'analphabétisme parmi les femmes. Depuis l'école primaire jusqu'à l'université, le pourcentage des filles est beaucoup plus faible et le fossé se creuse généralement dans les degrés supérieurs.

Tout le système d'éducation dans les pays coloniaux et semi-coloniaux est organisé — de manière encore plus criante que dans les pays impérialistes — pour maintenir l'exclusion des femmes de toute vie sociale et pour inculquer aux filles leur rôle de femme-mère-ménagère. La mixité est très peu fréquente et les écoles de filles doivent presque toujours faire face à des budgets moindres, à un moins grand nombre d'enseignantes et à de plus mauvaises conditions d'enseignement. Là où la mixité existe, les filles sont encore obligées de suivre des cours séparés comme la couture, la cuisine ou les travaux domestiques.

En dépit de ces discriminations, la pression du marché mondial a provoqué un certain nombre de modifications en ce qui concerne l'éducation des femmes. Le besoin d'une couche de techniciens plus qualifiés a ouvert les portes de l'éducation supérieure aux femmes, même si leur nombre reste limité.

10. Les femmes du monde colonial ont encore moins de possibilités de contrôler leurs fonctions reproductives que les femmes des pays impérialistes. Le peu d'opportunité sur le plan de l'éducation, lié à la forte emprise de la religion dans le contenu même de l'éducation, signifie que les femmes ont très peu, voire pas du tout accès à l'information scientifique concernant la reproduction ou la sexualité. Sur le plan économique comme sur le plan social, elles subissent des pressions les incitant à avoir plus, et non pas moins d'enfants. Lorsqu'elles peuvent obtenir une information sur le contrôle des natalités et sur les moyens permettant de limiter les naissances, c'est presque toujours dans le cadre d'une politique raciste de contrôle des populations imposée par l'impérialisme. Dans certains pays, le gouvernement a mis en place un programme de stérilisation forcée touchant la masse des femmes. À Porto-Rico, plus d'un tiers des femmes en âge d'avoir des enfants a été victime de la politique de stérilisation forcée impulsée par le gouvernement américain. La stérilisation forcée est également parfois imposée à des groupes de minorités opprimées, comme la population indienne en Bolivie.

Même dans les pays où la stérilisation forcée n'est pas une politique officielle, la propagande raciste pour le contrôle de la population imprègne la société tout entière et constitue un obstacle à la lutte des femmes pour imposer le contrôle sur leur propre corps.

Les femmes du monde colonial et semi-colonial ont été massivement utilisées comme cobayes pour tester les méthodes contraceptives. Et l'avortement lui aussi découle d'une contrainte et non d'un choix. Chaque année, des millions de femmes sont obligées d'avorter illégalement dans les pays coloniaux, dans les pires conditions possibles, et le nombre de décès qui s'ensuit, est incalculable.

Dans tous les cas, on refuse aux femmes le droit de décider si, et quand elles veulent des enfants.

Dans le cadre de la crise économique, la politique de contrôle des populations ne fera que se renforcer, multipliant les exemples semblables à celui de Porto-Rico. La prétendue « *explosion démographique* » sera mise au compte des difficultés économiques des pays coloniaux et semi-coloniaux dans le but de détourner l'attention des responsabilités incombant à l'impérialisme qui provoque et maintient la misère.

Le racisme et le sexisme sont également imposés au monde colonial par le biais d'une propagande mettant en avant des schémas culturels étrangers aux coutumes de ces pays. Si les normes de « *beauté* » imposées par les industries cosmétiques sont source d'oppression pour les femmes européennes ou d'Amérique du Nord, c'est encore plus vrai lorsque ces normes sont imposées aux femmes des pays coloniaux et semi-coloniaux au travers de publicité, de films ou de tout autre forme de propagande.

11. La forte influence de la religion renforce l'extrême arriération en ce qui concerne la sexualité, ce qui se traduit par une situation particulièrement avilissante pour les femmes. La conception générale qui fait des femmes des êtres asexués, mais en même temps esclaves des besoins sexuels de leurs époux, est imposée encore plus brutalement aux femmes des pays coloniaux et semi-coloniaux qu'à celles des pays impérialistes. Elle s'exprime dans les traditions, dans les lois et dans l'usage de la violence incluant la mutilation sexuelle des fillettes. Les femmes sont censées rester vierges pour leur époux. Très souvent, si les femmes ne donnent pas satisfaction à leur mari sur le plan sexuel, ou si elles sont accusées de n'être pas vierges au moment du mariage, c'est une raison suffisante pour le divorce. La double morale sexuelle pour les hommes et pour les femmes est une réalité encore plus forte que dans les pays impérialistes. La pratique de la polygamie n'en est qu'un exemple extrême.

Un autre aspect de l'arriération sur le plan de la sexualité, c'est l'oppression extrême qui touche les homosexuels, hommes et femmes, dans les pays coloniaux.

12. Le fait que le développement capitaliste dans le monde colonial ait incorporé des relations économiques et sociales de type précapitaliste (dont beaucoup subsistent de manière déformée), implique que pour parvenir à se libérer, les femmes — comme toutes les couches opprimées et exploitées — sont confrontées à des tâches combinées. La lutte contre la domination impérialiste et contre l'exploitation capitaliste commence souvent par les problèmes non résolus de l'indépendance nationale et de la réforme agraire, ou de l'obtention de droits démocratiques.

Les revendications démocratiques élémentaires, comme celles qui donnent aux femmes des droits en tant qu'individus indépendants du contrôle de leur mari, auront un poids décisif dans la lutte de libération des femmes au sein des pays coloniaux. Mais en même temps, ces revendications seront posées et se combineront immédiatement avec des problèmes économiques et sociaux dont la solution exige une réorganisation de la société tout entière sur des bases socialistes. En font partie les questions de l'inflation, du chômage, du logement, du système inadéquat de la Sécurité sociale et de l'éducation. Cela inclut également les revendications générales mises en avant par le mouvement des femmes dans les pays capitalistes avancés, portant sur les crèches, sur le droit à l'accès aux moyens médicaux qui permettraient aux femmes d'exercer un contrôle sur leurs fonctions reproductives, sur le droit au travail et à l'éducation, etc. Mais aucune de ces revendications, même celles qui touchent aux droits démocratiques les plus élémentaires, ne pourra être imposée sans la mobilisation et sans l'organisation de la classe ouvrière qui représente la seule force sociale capable de mener de telles luttes à leur terme et de remporter la victoire.

13. À cause de la faiblesse relative du capitalisme et de la classe dominante dans les pays coloniaux et semi-coloniaux, les droits civiques, quand ils existent, sont en général restreints, et souvent éphémères. La répression politique est très étendue. Quand les femmes entrent en lutte — de même que lorsque d'autres secteurs de la population commencent à se rebeller — elles sont souvent rapidement confrontées à la répression, ce qui entraîne pour elles la nécessité de lutter pour l'obtention de libertés politiques telles que le droit de tenir des réunions, d'avoir leur propre organisation, de pouvoir publier un journal ou d'autres publications, ou le droit de manifester. La lutte de libération des femmes ne peut être dissociée de la lutte plus générale pour les libertés politiques.

La participation toujours plus grande des femmes aux luttes sociales et politiques s'est traduite par le fait qu'elles représentent une proportion croissante des prisonniers politiques dans les pays coloniaux et semi-coloniaux. Dans les prisons, les femmes sont confrontées à des formes de torture particulièrement brutales et humiliantes. La lutte pour la libération de tous les prisonniers politiques, mettant particulièrement en évidence la situation des femmes dans les prisons, a été et sera un aspect important de la lutte de libération des femmes dans ces pays.

Cette lutte possède une dimension internationale très claire. Il existe des prisonniers politiques non seulement dans le monde colonial, mais dans l'ensemble des pays capitalistes avancés. L'exigence de leur libération continuera à être un point de ralliement pour des campagnes de solidarité internationale, au sein même du mouvement des femmes.

14. La lutte de libération des femmes a toujours été étroitement liée à la lutte de libération nationale. Quoi que fassent les femmes, elles s'affrontent au pouvoir impérialiste et la nécessité de briser les chaînes de cette domination est une tâche urgente et imprescriptible pour tous les opprimés de ces pays, comme les exemples de l'Iran et du Nicaragua l'ont clairement démontré une fois de plus. De nombreuses femmes s'engagent pour la première fois dans une action politique à travers leur participation aux mouvements de libération nationale. Dans le processus de développement des luttes, il devient évident que les femmes pourront et devront jouer un rôle encore plus grand pour remporter la victoire. Les femmes sont transformées par l'action, notamment parce qu'elles font des choses qui leur étaient défendues selon les anciennes coutumes. Elles deviennent des combattantes, des dirigeantes, des organisatrices et des individus à part entière qui pensent politiquement. Les profondes contradictions qu'elles vivent stimulent leur révolte contre l'oppression qui les touche en tant que sexe, et font surgir des exigences de plus grande égalité à l'intérieur même du mouvement révolutionnaire. Au Vietnam, en Algérie, à Cuba, en Palestine, en Afrique du Sud, au Sahara et ailleurs, les luttes que les femmes ont menées pour mettre fin aux formes les plus brutales de l'oppression dont elles sont l'objet sont étroitement liées aux luttes anti-impérialistes qui se sont développées.

Au Nicaragua, les femmes organisées dans l'AMPRONAC *(Association des femmes face à la problématique nationale)* ont joué un rôle décisif dans la préparation de l'insurrection finale contre la dictature de Somoza. Et 30 pour cent des forces du FSLN étaient composées de femmes organisées dans des brigades féminines aussi bien que dans d'autres unités.

En Iran, la participation des femmes à la lutte pour renverser le shah amena des millions d'entre elles à participer pour la première fois à la vie politique et sociale, ce qui éveilla en même temps leur désir de changer leur propre statut. En dépit du poids des idées religieuses réactionnaires et des mesures prises contre les femmes, l'approfondissement de la conscience et de la lutte anti-impérialistes parmi les masses iraniennes ne peuvent qu'améliorer les conditions dans lesquelles les femmes auront à lutter pour une égalité et une liberté plus grandes.

La participation des femmes aux luttes de libèration nationale commence ègalement É modifier la conscience des hommes en ce qui concerne les capacitès et le rçle des femmes. Dans le cadre de la lutte qu'ils ménent contre leur propre exploitation et contre leur propre oppression, les hommes peuvent devenir plus sensibles Él'oppression des femmes, plus conscients de la bataille Émener Écet ègard, et plus sensibles É l'importance de gagner les femmes comme allièes dans la lutte.

15. Il existe aussi des minoritès nationales opprimèes au sein des pays coloniaux et semi-coloniaux. En Iran, par exemple, les nationalitès opprimèes constituent 60 pour cent de la population. En Amèrique latine, la population indigéne indienne est une minoritè opprimèe. Les femmes de ces minoritès sont confrontèes Éune double dimension de l'oppression nationale. Une fois qu'elles ont commencè É se mettre en marche, leur lutte peut se dèvelopper de maniére explosive.

Les revendications des femmes et celles des minoritès opprimèes seront souvent ètroitement lièes et se renforceront mutuellement. Par exemple, la revendication des femmes pour le droit Él'èducation sera combinèe Éla revendication des hommes et des femmes des minoritès opprimèes pour le droit Él'èducation dans leur propre langue.

16. Dés le commencement de la rèvolution coloniale au dèbut de ce siécle, les femmes ont participè aux soulévements anti-impèrialistes, mais il n'a pas existè de tradition concernant l'organisation des femmes en tant que telles, autour de leurs revendications spècifiques, comme une composante distincte de ces luttes. Cependant, le dèveloppement du systéme capitaliste mondial depuis la Seconde Guerre mondiale a accentuè les contradictions èconomiques, sociales et politiques dans les pays coloniaux et semi-coloniaux, et cela permettra de plus en plus qu'É l'avenir les femmes entrent en lutte pour imposer leurs propres revendications.

aê Dans la pèriode suivant la Seconde Guerre mondiale, il y eut une croissance de l'industrialisation dans les pays coloniaux et semi-coloniaux, bien que le degrè de cette croissance ait variè considèrablement selon les diffèrents pays et en fonction des besoins des puissances impèrialistes. Cela impliqua une possibilitè accrue pour les femmes d'avoir accés au travail et É l'èducation.

bê Les progrés technologiques dans le domaine des tàches domestiques et du contrçle de la reproduction — bien que beaucoup moins accessibles que dans les pays dèveloppès — commencérent É ôtre connus, et montraient la possibilitè de libèrer les femmes d'un travail fastidieux et de leur permettre de contrçler l'un des èlèments les plus importants de leur existence : leur fonction reproductive.

cê La crise èconomique du capitalisme mondial dont la dèpression internationale en 1974-1975 fut un signe èvident, a eu un effet amplifiè dans le monde colonial dans la mesure où les impèrialistes tentaient de faire supporter les effets de la crise aux masses du monde colonial. Une part disproportionnèe de cette crise retombe sur le dos des femmes, sous forme de montèe des prix, de coupures dans les budgets dèjÉ rudimentaires du systéme de la santè et de l'èducation, et dans l'augmentation de la misére Éla campagne. Ainsi, le fossè entre ce qui est possible pour les femmes et ce qui existe va s'amplifiant.

dê L'impact de cette contradiction dans la prise de conscience des femmes est renforcè aujourd'hui par l'ècho du mouvement international de libèration des femmes qui a inspirè les femmes tout autour du monde, popularisant et justifiant leurs revendications.

Ces divers facteurs nous aménent É conclure que les luttes des femmes vont devenir une composante toujours plus importante des luttes rèvolutionnaires Évenir dans les pays coloniaux et semi-coloniaux.

Cette lutte des femmes peut prendre une dimension explosive en raison du fossè existant entre les normes et les valeurs archaïques, et les possibilitès ouvertes par les progrés technologiques du capitalisme en ce qui concerne la libèration des femmes. De môme, les normes et les valeurs traditionnelles maintenues par les impèrialistes et leurs valets entrent en constante contradiction avec le mode de vie de nombreuses femmes. Cela signifie qu'une fois que les femmes commencent É mettre en question leur oppression, môme d'un point de vue encore èlèmentaire, cela se combine avec d'autres formes d'explosion sociale et cela peut conduire trés rapidement É des mobilisations de la masse des femmes dans des luttes qui prennent une orientation radicale, anti-capitaliste.

17. Les attitudes et la politique concernant les revendications et les besoins des femmes dans les pays coloniaux et semi-coloniaux sont l'un des tests dècisifs du caractére rèvolutionnaire, des perspectives et du programme de toute organisation aspirant É prendre la tôte de la lutte contre l'impèrialisme. Le rçle et l'importance que nous assignons É la lutte de libèration des femmes dans ces pays, et le programme que nous mettons en avant dans ce but, nous distinguent des forces non prolètariennes prètendant É la direction de la lutte de libèration nationale.

Il y a un èlèment qui a toujours ètè un trait distinctif du programme des marxistes rèvolutionnaires, et qui ètait reflètè dans les rèsolutions du IIIe Congrés de l'Internationale communiste.

Ces rèsolutions accordaient une attention particuliére au travail exemplaire des communistes chinois, organisant et dirigeant les mobilisations de femmes qui prècèdérent la seconde rèvolution chinoise en 1925-1927.

Si le parti marxiste-rèvolutionnaire ne parvient pas Évoir l'importance d'organiser, de mobiliser les femmes, et de prendre la tôte de la lutte pour leur libèration, les courants bourgeois et petit-bourgeois auront alors tout loisir de prendre la direction de ces mouvements, les faisant dèvier vers une orientation rèformiste, si ce n'est carrèment anti-ouvriére.

18. Seule la voie de la révolution socialiste peut ouvrir la voie à une transformation qualitative dans la vie de la masse des femmes des pays semi-coloniaux. Les exemples de Cuba, du Vietnam et de la Chine sont des points de mire importants pour les femmes d'Asie, d'Afrique et d'Amérique latine. Ces révolutions socialistes offrent la preuve évidente que des changements rapides sont possibles à partir du moment où la classe ouvrière, en alliance avec la paysannerie, brise les chaînes de la domination impérialiste. Lorsque les lois de l'accumulation capitaliste sont remplacées par celles de l'économie planifiée basée sur la nationalisation des secteurs clés de la production, il devient possible, même dans les pays pauvres du monde semi-colonial, de consacrer des ressources massives au développement de l'éducation et des crèches, des services médicaux et du logement.

Une fois que le capitalisme est éliminé, le chômage et le sous-emploi deviennent des résurgences du passé. On voit au contraire se développer une réduction du temps de travail qui permet aux femmes de sortir de leur foyer et de s'intégrer massivement dans tous les secteurs du travail productif. Les mœurs et les traditions sociales enracinées dans les modes de production précapitaliste et capitaliste disparaissent progressivement au fur et à mesure que s'accomplit cette transformation et que la classe ouvrière devient plus large et plus puissante.

19. En raison de l'extrême oppression qu'elles subissent, et vu qu'il n'existe aucune perspective pour que leur vie s'améliore dans le cadre du système capitaliste, les femmes des pays coloniaux et semi-coloniaux se retrouveront à l'avant-garde de la lutte pour le changement social.

Par le biais d'écoles internes et d'autres méthodes d'éducation, les sections de la IVe Internationale doivent préparer systématiquement leurs propres membres à comprendre l'importance de la lutte de libération des femmes, même si aucune lutte de masse ne se profile encore à l'horizon. Nous devons adopter une orientation politique consciente nous permettant de gagner les femmes à la lutte pour le socialisme, éduquant et intégrant les plus déterminées d'entre elles comme dirigeantes de notre mouvement.

Les femmes dans les États ouvriers et la révolution trahie

1. La révolution d'Octobre 1917, ainsi que toutes les révolutions socialistes victorieuses qui l'ont suivie se sont traduites par des acquis substantiels pour les femmes, y compris l'obtention de droits démocratiques et leur intégration dans la force de travail productive. Les mesures prises par les Bolcheviks sous la direction de Lénine et de Trotsky ont montré explicitement que la révolution prolétarienne impliquait des progrès immédiats pour les femmes.

Entre 1917 et 1927, le gouvernement soviétique passa une série de lois établissant l'égalité entre hommes et femmes sur le plan légal pour la première fois. Le mariage devint une simple mesure d'enregistrement, basée sur le consentement mutuel. Le concept d'illégitimité fut aboli. L'avortement légal et gratuit devint un droit pour toute femme. En 1927, il n'était plus nécessaire d'enregistrer les mariages et le divorce pouvait être obtenu sur la simple demande de l'un des deux conjoints. Les lois anti-homosexuels furent abolies.

Il fut décidé que l'éducation serait gratuite et obligatoire jusqu'à l'âge de 16 ans pour tous les enfants des deux sexes. La législation accorda des avantages particuliers aux femmes en ce qui concerne la maternité.

Le programme de 1919 du Parti communiste affirmait : « *La tâche du parti à l'heure actuelle, c'est d'abord d'intervenir sur le plan des idées et de l'éducation afin de détruire complètement toute trace de l'inégalité et des préjugés antérieurs, en particulier dans les couches arriérées du prolétariat et de la paysannerie. Le parti ne limite pas son action à la question de l'égalité formelle des femmes, mais s'efforce de les libérer des fardeaux matériels qui pèsent sur elles et des tâches domestiques désuètes, en les remplaçant par des maisons communautaires, par des restaurants publics, des laveries, des crèches, etc.* » Ce programme fut mis en pratique dans la mesure du possible, compte tenu de l'arriération économique et de la pauvreté de la nouvelle République soviétique, sans compter la dévastation causée par près de dix ans de guerre et de guerre civile.

Une tentative consciente fut effectuée pour tenter de combattre les normes et les attitudes réactionnaires envers les femmes, qui reflétaient la réalité d'un pays dont la population était encore en grande majorité paysanne, où les femmes représentaient un pourcentage relativement faible de la main-d'œuvre, et où le poids des traditions et des habitudes féodales pesait sur l'ensemble des relations sociales. Comme de bien entendu, dans un tel contexte, l'expression d'attitudes réactionnaires envers les femmes se reflétait également dans le Parti bolchevik, y compris au sein de sa direction. Le parti n'était absolument pas homogène dans sa compréhension quant à l'importance de mettre en pratique et d'affiner les mesures indispensables permettant d'appliquer le programme de 1919.

2. L'épuisement de l'avant-garde de la classe ouvrière, décimée durant les années de guerre, ainsi que l'échec des soulèvements révolutionnaires en Europe de l'Ouest au lendemain de la guerre mondiale, créèrent les bases, durant les années 1920, pour le triomphe de la caste bureaucratique contre-révolutionnaire à la tête de laquelle se trouvait Staline. Alors que les fondements économiques du nouvel État ouvrier n'étaient pas détruits, une couche sociale privilégiée parvint à croître rapidement sur le terrain fertile de la pauvreté de la Russie, s'appropriant toute une part des bénéfices provenant de la nouvelle économie. Dans le but d'étendre ses nouveaux privilèges, la bureaucratie inversa la politique de Lénine et de Trotsky dans

presque tous les domaines, depuis l'existence d'un gouvernement basé sur la démocratie soviétique jusqu'au contrôle des travailleurs sur l'économie planifiée en passant par le droit à l'autodétermination des nationalités opprimées et par le caractère internationaliste et prolétarien de la politique étrangère.

À la fin des années 1930, la contre-révolution avait physiquement anéanti tous les survivants de la direction bolchevique, établissant une dictature qui, à ce jour, continue à maintenir des centaines de milliers de prisonniers dans les camps et dans les hôpitaux psychiatriques, qui exile et qui réprime férocement tous ceux qui font preuve de la moindre velléité d'opposition.

Pour les femmes, la contre-révolution stalinienne s'est traduite par une remise sur pied et un renforcement du système familial. Trotsky a décrit ce processus dans les termes suivants :

« *L'émancipation réelle des femmes est inconcevable sans une élévation générale du niveau économique et culturel, sans la destruction de l'unité familiale économique petite-bourgeoise, sans la socialisation de l'éducation et de la préparation de la nourriture. Cependant, guidée par son instinct de conservation, la bureaucratie s'est alarmée de la "désintégration", de la famille. On s'est mis à chanter les louanges du repas familial, de la lessive familiale, c'est-à-dire de l'esclavage domestique de la femme. Pour couronner le tout, la bureaucratie a restauré les peines criminelles à propos de l'avortement, renvoyant officiellement les femmes à leur statut de bête de somme. En contradiction absolue avec l'ABC du communisme, la caste dominante a donc restauré la structure la plus réactionnaire et la plus obscurantiste de la société de classe : la famille petite-bourgeoise.* » (« *Writings of Leon Trotsky* », 1937-38, II édition, 1976, p. 129)

3. Le facteur essentiel qui facilita ce retour en arrière, ce fut l'arriération culturelle et matérielle de la société russe qui ne disposait pas des ressources nécessaires pour construire des crèches, des logements et des laveries en nombre suffisant, pour financer les services indispensables sur le plan du ménage et de l'alimentation permettant d'éliminer les bases matérielles de l'oppression des femmes. Cette arriération contribua aussi et plus généralement à maintenir la division sociale du travail héritée de la période tsariste.

Mais au-delà de ces limitations objectives, la bureaucratie stalinienne réactionnaire renonça consciemment à mettre en avant toute perspective allant dans le sens d'une socialisation qui permettrait d'alléger le fardeau qui reposait sur les épaules des femmes, et elle se mit au contraire à glorifier le système familial, cherchant à renforcer ce dernier par le biais de restrictions légales et de contraintes économiques.

Comme Trotsky le soulignait dans la « *Révolution trahie* », « *Ce recul ne s'effectue pas seulement sur un mode hypocrite absolument répugnant, mais il va beaucoup plus loin que ne l'exigent des contraintes économiques implacables.* »

La bureaucratie a renforcé le système familial pour l'une de ces mêmes raisons qui font qu'il est maintenu dans la société capitaliste — c'est-à-dire comme moyen d'inculquer des attitudes de soumission à l'autorité et afin de perpétuer les privilèges d'une minorité. Trotsky expliquait que « *la raison la plus importante du culte actuel de la famille, c'est sans aucun doute la nécessité pour la bureaucratie de maintenir des relations hiérarchiques stables et d'imposer une discipline à la jeunesse qui se traduise en autant de points d'appui pour imposer son pouvoir et son autorité.* »

Dans la foulée de ce processus contre-révolutionnaire, les anciennes lois tsaristes contre l'homosexualité furent réintroduites après qu'on les eût dépoussiérées. Le renforcement de la famille permit à la bureaucratie de perpétuer une importante division au sein de la classe ouvrière : la division entre l'homme, considéré comme « *chef et gagne-pain de la famille* », et la femme, responsable des tâches liées à l'entretien du foyer, quelles que soient par ailleurs ses autres activités.

De manière plus générale, cela signifia le maintien de la division entre vie privée et vie publique, avec l'isolement qui en résulte, aussi bien pour les hommes que pour les femmes. Le renforcement de la famille nucléaire renforça aussi la bureaucratie par l'encouragement que cela représentait à des attitudes de repli de chaque famille sur elle-même et, dans le cadre d'une politique générale de planification allant dans tous les sens sauf dans le sens de la satisfaction des besoins des travailleurs, cela permet à la bureaucratie de réduire les coûts des services sociaux.

La situation créée par la révolution prolétarienne et par la contre-révolution stalinienne en Union soviétique n'a pas été systématiquement reproduite dans tous les États ouvriers déformés d'Europe de l'Est et d'Asie. Des différences importantes reflètent les disparités existant d'un pays, voire d'une région, à l'autre, sur le plan historique, culturel, économique ou social. Cependant, en dépit de variations dans le degré de participation des femmes au processus de production, dans le nombre de crèches ou d'autres services sociaux, le maintien des inégalités économiques et sociales des femmes ainsi que la politique visant à renforcer et à justifier le travail domestique des femmes reste la politique officielle dans tous les États ouvriers déformés.

4. En 1970, selon les statistiques officielles d'Union soviétique, 90 pour cent de toutes les femmes de 16 à 54 ans habitant les villes travaillaient à l'extérieur de la maison. En moyenne, néanmoins, les femmes soviétiques passent de 4 à 7 heures par jour à des tâches domestiques en plus des huit heures qu'elles effectuent dans leur travail salarié.

Le maintien, pour les femmes de la responsabilité des tâches domestiques impliquant l'éducation des enfants, la cuisine, le nettoyage, la lessive et le soin de veiller aux besoins de tous les autres membres de la famille, représente la base économique et sociale sur laquelle se fondent les désavantages et les préjugés concernant les femmes, ainsi que les discriminations qui en résultent sur le plan du travail et du salaire. Cela influence profondément la façon dont les femmes se perçoivent elles-mêmes, leur rôle dans la société, et les objectifs qu'elles se fixent.

Une enquête faite en Tchécoslovaquie à la fin des années 1960 révèle que près de 80 pour cent des femmes interviewées acceptaient l'idée de rester à la maison jusqu'à ce que leur enfant ait atteint l'âge de trois ans, si leur mari était d'accord et que le salaire de ce dernier soit suffisant pour subvenir aux besoins de la famille. C'est à peine surprenant si l'on considère que, durant la même période, sur 500 femmes interrogées qui avaient une position de cadre sur le plan professionnel, la moitié déclaraient qu'elles effectuaient la totalité des travaux domestiques à la maison (elles y passaient de 4 à 5 heures par jour).

Alors que 50 pour cent des salariés en URSS sont des femmes, ces dernières sont confinées avant tout dans des travaux mal payés, peu qualifiés, dans les secteurs « *féminins* » de l'industrie et dans les services. C'est ainsi que 43,6 pour cent de l'ensemble des femmes actives travaillent encore dans l'agriculture, alors qu'un quart d'entre elles est employé dans le textile. Dans le primaire et le secondaire, 80 pour cent des enseignants sont des femmes, et elles représentent la totalité du personnel dans les maternelles. En 1970, seuls 6,6 pour cent de l'ensemble des entreprises industrielles étaient dirigées par des femmes. D'après les statistiques de 1966, la moyenne des salaires féminins en URSS était de 69,3 pour cent de ceux des hommes, contre 64,4 pour cent en 1924 !

En 1970, dans l'ensemble des pays de l'Est, l'écart salarial allait de 27 à 30 pour cent en dépit des lois sur l'égalité des salaires qui ont été passées dans ces pays depuis des décennies. Cela reflète le fait que les femmes ne font pas le même travail que les hommes. Non seulement elles continuent à être orientées vers les emplois « *féminins* » moins bien payés, non seulement elles ont souvent des qualifications supérieures aux postes qu'elles occupent, mais parmi les femmes qui effectuent un apprentissage débouchant sur des emplois qualifiés et mieux payés (notamment dans l'industrie lourde), très peu d'entre elles continuent à travailler dans ces secteurs par la suite. Les responsabilités familiales font qu'il est difficile de se tenir à jour face aux nouveaux développements dans une spécialité donnée. Les lois protectrices déterminant des conditions de travail particulières pour les femmes ont aussi souvent des effets discriminatoires qui les empêchent d'occuper des postes identiques à ceux des hommes.

En 1976, plus de 40 pour cent de tous les scientifiques soviétiques étaient des femmes, mais il n'y en avait que trois parmi les 243 membres de l'Académie des sciences en URSS. Du point de vue des responsabilités politiques seules huit femmes étaient membres du comité central du PC soviétique sur 287 élus, et il n'y en avait aucune au bureau politique.

En URSS et dans les pays de l'Est, tout comme dans les pays capitalistes avancés, les sciences médicales et la technologie ont suffisamment progressé pour permettre d'alléger considérablement le double fardeau qui repose sur les femmes. Cependant, l'absence de tout contrôle démocratique sur la production de la part des travailleurs ainsi que la domination de la caste bureaucratique privilégiée sont à la source de distorsions entre le processus productif et la planification économique qui provoquent de forts ressentiments. De ce point de vue, les femmes ressentent le poids de la bureaucratie encore plus que les hommes dans la mesure où ce sont elles qui sont obligées de combler les carences existant sur le plan économique en accomplissant une double journée de travail.

Durant la dernière décennie, la potentialité explosive de ce ressentiment a contraint différentes castes bureaucratiques à planifier une augmentation dans la production des biens de consommation ainsi qu'une amélioration des services sociaux. Mais le niveau des biens de consommation à disposition continue à être bien en deçà des besoins et des aspirations qui vont croissant. Les services sociaux, eux aussi, demeurent inadéquats. Les statistiques officielles montrent par exemple qu'en 1978 en URSS, même si le nombre de crèches était plus élevé que dans les pays capitalistes avancés, celles-ci ne pouvaient cependant accueillir que 13 des 35 millions d'enfants en âge préscolaire.

En Tchécoslovaquie et en Pologne au début des années 1970, il n'y avait de place dans les maternelles que pour 10 pour cent des enfants de moins de trois ans, et, respectivement, pour 37 et 45 pour cent des enfants de trois à six ans. Et ceci, alors même que les femmes représentent de 40 à 45 pour cent de la main-d'œuvre active dans ces pays. En dépit de toutes les difficultés que suppose une telle situation pour les travailleuses, certains officiels staliniens remettent à l'honneur la théorie de la « *division naturelle du travail* » entre hommes et femmes. En Tchécoslovaquie et en Hongrie, la « *solution* » mise en avant pour pallier les carences des services sociaux et, en même temps, pour tenter de renverser la tendance à la baisse de la natalité, c'est en quelque sorte un « *salaire ménager* » accordé aux mères d'un ou de deux enfants de moins de trois ans. En Tchécoslovaquie, ce système s'accompagne d'une augmentation substantielle de l'allocation de naissance pour chaque enfant (presque l'équivalent d'un mois de salaire). De telles mesures tendent évidemment à faire pression sur les femmes pour qu'elles restent à la maison, compte tenu de la double journée qui s'ajoute à leur travail extérieur.

Le nombre de laveries publiques est insignifiant (en Tchécoslovaquie, en Pologne et en URSS, elles ne couvrent que de 5 à 10 pour cent des besoins).

Parallèlement, le nombre d'hommes et de femmes qui mangent dans des restaurants publics a énormément diminué depuis les années 1950. Vu l'élévation des prix et la mauvaise qualité, seuls 20 pour cent de la population tchécoslovaque prennent leurs repas à l'extérieur de la maison — comparés aux 50 pour cent de la période précédente.

Tous ces éléments vont dans le sens d'enfermer les femmes à la maison, une tendance renforcée par la propagande de la bureaucratie en faveur du travail à temps partiel. En Allemagne de l'Est, par exemple, cela s'exprime par la journée de congé mensuelle attribuée aux femmes pour qu'elles puissent effectuer leurs tâches domestiques. Bien sûr, ce « *privilège particulier* » n'est accordé qu'à elles.

En octobre 1977, la même tendance réactionnaire se traduisait par l'incorporation, dans la Constitution soviétique en révision, d'un amendement à l'article 35, censé garantir l'égalité des droits de la femme. La Constitution amendée prévoit « *la réduction graduelle de la durée de la journée de travail pour les femmes ayant des enfants en bas-âge* ». Les dirigeants soviétiques expliquèrent que cette nouvelle disposition dans la Constitution reflétait la ligne du parti et de l'État soviétique tendant à améliorer la situation des « *femmes en tant que travailleuses, mères, éducatrices et ménagères* ».

Le renforcement de la division sociale du travail entre hommes et femmes se traduit également par la politique gouvernementale dans ces pays où tout est mis en œuvre pour tenter d'augmenter le taux de natalité afin de satisfaire les besoins en main-d'œuvre. (L'Allemagne de l'Est est le seul pays à faire exception à l'heure actuelle). Au moment même où il est devenu plus facile d'avorter pour les femmes des pays capitalistes, la tentative d'imposer une croissance de la population a entraîné des mesures restrictives concernant l'avortement dans toute l'Europe de l'Est.

De fait, les bureaucraties staliniennes ont récusé la conception de Lénine et des autres dirigeants de la Révolution russe selon laquelle l'accès sans restriction à l'avortement est un droit démocratique élémentaire des femmes. Alors que l'avortement est généralement légal en URSS et dans les pays de l'Est, les castes dirigeantes n'ont cessé de restreindre ce droit, plaçant souvent les femmes dans des conditions humiliantes et leur imposant des sanctions sur le plan économique lorsqu'elles cherchent à avorter (comme le refus d'un congé payé en cas d'avortement ou le refus de considérer celui-ci comme un acte médical gratuit).

À l'exception de la Pologne, la plupart des pays de l'Est ont explicitement rejeté jusqu'à il y a peu de temps, toute perspective d'éducation sexuelle ou d'information massive sur les moyens contraceptifs. Les centres de Planning familial étaient quasiment inexistants, et l'accès aux moyens de contraception tels que la pilule ou la stérilisation était strictement limité (en Tchécoslovaquie, au début des années 1970, seuls 5 pour cent des femmes usaient de telles méthodes). Mais aucune de ces mesures n'est parvenue à renverser la tendance à la diminution des naissances ou à faire décroître le nombre des avortements. Confrontés à ce « *problème* », les bureaucrates font preuve de beaucoup d'imagination pour inventer des moyens encourageant les femmes à avoir plus d'enfants. Ils ont recours à tout, sauf à la socialisation des tâches domestiques. En Pologne, ils ont étudié la possibilité d'introduire un « *salaire ménager* », ou d'imposer une taxe sur le revenu des ménagères refusant d'avoir des enfants, ou de repousser l'âge de la retraite des femmes de 60 à 65 ans pour alimenter un fonds destiné aux allocations maternité, ou encore d'abaisser l'âge de la retraite des femmes à 55 ans pour leur permettre de prendre part à la garde des enfants en bas âge. En Chine, par ailleurs, la bureaucratie stalinienne a introduit des mesures économiques spéciales qui pénalisent les couples ayant plus de deux enfants, afin de tenter de limiter la croissance de la population. Le droit de choisir est subordonné aux décisions économiques prises par la bureaucratie.

Dans tous les pays d'Europe de l'Est, et en Chine, la politique de la bureaucratie tend à renforcer la répression sexuelle. Les restrictions extrêmes sur le plan du logement ; le type d'éducation dispensé aux enfants dès leur plus jeune âge ; le refus fréquent de louer des chambres d'hôtel aux couples non-mariés ; les pressions pour que les gens se marient plus tardivement, sont autant d'éléments qui reflètent les mœurs dominantes sur le plan social et l'opposition de la bureaucratie à toute forme de libération sexuelle. Compte tenu de la place qu'elles occupent au sein de la famille, les femmes sont bien entendu les premières à faire les frais de cette politique et de ces normes répressives.

5. Les femmes des États ouvriers dégénérés ne verront pas leur pleine libération sans une révolution politique qui arrache son pouvoir à la caste bureaucratique et restaure la démocratie ouvrière. Bien qu'il y ait encore peu d'indications concernant une élévation du niveau de conscience à propos de l'oppression des femmes, il n'y a pas de barrière étanche entre les pays capitalistes et les États ouvriers, spécialement entre l'Europe de l'Ouest et l'Europe de l'Est. Les femmes des États ouvriers seront inévitablement influencées par la radicalisation des femmes d'autres pays et par les revendications que ces dernières mettent en avant.

La lutte des femmes pour leur libération sera un élément important du processus de remise en cause pour renverser les régimes bureaucratiques et établir une démocratie socialiste. Les revendications touchant à la socialisation des tâches domestiques en particulier sont un aspect déterminant du programme de transition pour la révolution socialiste à venir.

D'un certain point de vue, en comparaison avec les pays capitalistes avancés, l'indépendance économique et le statut des femmes dans les États ouvriers offrent un exemple positif. Mais l'histoire de l'Union soviétique montre aussi de manière frappante que la famille est la pierre angulaire de l'oppression des femmes. Aussi longtemps que la servitude domestique des femmes est maintenue et encouragée par les mesures économiques et politiques officielles, aussi longtemps que les fonctions de la famille ne sont pas réellement prises en charge par des institutions sociales supérieures, toute insertion véritablement égale des femmes dans la vie productive et sociale est impossible. La responsabilité des femmes dans les tâches domestiques est à la source des inégalités auxquelles elles sont confrontées dans la vie quotidienne, dans l'éducation, au travail et dans la politique.

6. La contre-révolution stalinienne en ce qui concerne les femmes et la famille, le degré important d'inégalité qui touche les femmes en Union soviétique particulièrement, plus de 60 ans après la Révolution d'Octobre constituent aujourd'hui l'un des obstacles pour gagner au marxisme révolutionnaire les femmes qui se radicalisent dans d'autres pays. Comme sur beaucoup d'autres points, la politique stalinienne est souvent confondue avec le léninisme, plutôt que d'être reconnue pour ce qu'elle est : la négation du léninisme. Les femmes qui luttent ailleurs pour leur libération regardent souvent ce qui se passe en URSS et dans les États ouvriers déformés en disant : « *Si c'est là ce que le socialisme représente pour les femmes, nous n'en avons nul besoin.* » Beaucoup d'anti-marxistes utilisent la situation des femmes dans ces pays pour « *prouver* » que le chemin qui méne É la libèration des femmes ne passe pas par la lutte des classes. La bataille pour gagner les dirigeantes fèministes dans d'autres pays du monde est donc ètroitement liée au dèveloppement de la rèvolution politique dans les â tats ouvriers dèformès ou dègènèrès, aussi bien qu'É notre capacitè É mettre en avant une image diffèrente du socialisme pour lequel nous, en tant que marxistes authentiques, nous nous battons.

LA IVE INTERNATIONALE ET LA LUTTE POUR LA LIBÉRATION DES FEMMES

Notre orientation

1. La IVe Internationale salue et soutient la montèe d'une nouvelle vague de luttes menèes par les femmes pour mettre un terme É leur oppression sèculaire. En nous battant en premiére ligne, nous faisons la preuve que le parti mondial de la rèvolution socialiste peut fournir une direction capable de mener jusqu'au bout la lutte pour la libèration des femmes. Notre objectif est de gagner la confiance et la direction de la masse des femmes en leur dèmontrant que notre programme et nos orientations de lutte de classes méneront É l'èlimination de l'oppression des femmes en suivant la voie de la rèvolution prolètarienne victorieuse et de la reconstruction socialiste de la sociètè.

2. Cette orientation de la IVe Internationale s'inscrit dans la longue tradition du marxisme-rèvolutionnaire. Elle se fonde sur les considèrations suivantes :

aê L'oppression des femmes est apparue durant la transition de la sociètè prè-classiste É la sociètè de classes. Elle est indispensable au maintien de la sociètè de classes en gènèral et du capitalisme en particulier. Donc, la lutte de la masse des femmes contre leur oppression est un aspect de la lutte contre la domination de classe capitaliste.

bê Les femmes reprèsentent É la fois une composante importante de la classe ouvriére et un puissant alliè potentiel de la classe ouvriére dans la lutte pour le renversement du capitalisme. Sans la rèvolution socialiste, les femmes ne peuvent instaurer les conditions prèalables É leur libèration. Sans la mobilisation de la masse des femmes dans la lutte pour leur propre libèration, la classe ouvriére ne peut accomplir ses tàches historiques. La destruction de l'â tat bourgeois, l'èradication de la propriètè capitaliste, la transformation des bases et des prioritès èconomiques de la sociètè, la consolidation d'un nouveau pouvoir d'â tat basè sur l'organisation dèmocratique de la classe ouvriére et de ses alliès et la lutte permanente pour èliminer toutes les formes d'oppression dans les relations sociales hèritèes de la sociètè de classes, tout cela ne peut ôtre menè É bien, en derniére instance, sans la participation et la direction conscientes d'un mouvement autonome de libèration des femmes.

Ainsi notre soutien É la construction d'un mouvement de libèration des femmes indèpendant est partie prenante de la stratègie du parti ouvrier rèvolutionnaire. Il dècoule du caractére môme de l'oppression des femmes, des divisions sociales crèèes par le capitalisme lui-môme et de la fa)on dont elles sont utilisèes pour diviser et affaiblir la classe ouvriére et ses alliès dans la lutte pour l'abolition de la sociètè de classe.

cê Toutes les femmes sont opprimèes en tant que femmes. Les luttes sur des aspects spècifiques de l'oppression des femmes se ménent forcèment avec la participation de femmes de diffèrentes classes et couches sociales. Môme certaines femmes bourgeoises, en se rèvoltant contre leur oppression en tant que femmes peuvent rompre avec leur classe et ôtre gagnèes au camp du mouvement ouvrier rèvolutionnaire qui incarne la voie de leur libèration.

Comme Lènine le soulignait dans ses discussions avec Clara Zetkin, la lutte sur des aspects de l'oppression des femmes ouvre la possibilitè de toucher au cœur l'ennemi de classe, de « *susciter et d'accroàtre le malaise, l'inquiétude, les contradictions et les conflits au sein de la bourgeoisie et de ses amis réformistes... Tout affaiblissement de l'ennemi équivaut î un renforcement de notre camp* ».

Il y a un élément encore plus important du point de vue du parti marxiste-révolutionnaire : la révolte contre leur oppression en tant que femmes peut souvent représenter un point de départ dans la radicalisation de couches décisives de femmes de la petite bourgeoisie, dont la classe ouvrière doit gagner le soutien.

d) Si toutes les femmes sont opprimées, les effets de cette oppression sont différents pour les femmes en fonction de leur classe. Celles qui subissent la plus grande exploitation économique sont généralement celles qui souffrent aussi le plus de leur oppression en tant que femmes. Ainsi le mouvement de libération des femmes ouvre la voie de la mobilisation de nombreuses femmes parmi les plus opprimées et les plus exploitées qu'on ne pourrait peut-être toucher si rapidement au travers des luttes de la classe ouvrière.

e) Si toutes les femmes sont affectées par leur oppression en tant que femmes, le mouvement de masse de libération des femmes que nous nous efforçons de construire doit être fondamentalement prolétarien dans sa composition, son orientation et sa direction. Seul un tel mouvement qui s'enracine dans les couches les plus exploitées des femmes de la classe ouvrière, sera capable de mener le combat pour la libération des femmes jusqu'au bout et sans compromission, en s'alliant aux forces sociales dont les intérêts de classe sont parallèles à ceux des femmes ou les recoupent. Seul un tel mouvement sera capable de jouer un rôle progressiste dans des conditions d'exacerbation de la lutte de classes.

f) Dans cette perspective à long terme, les luttes des femmes dans les syndicats et au travail ont une importance spéciale car elles reflètent les relations vitales entre le mouvement des femmes et le mouvement ouvrier, et leur impact réciproque. Ceci se reflète dans la radicalisation croissante des femmes de la classe ouvrière à l'heure actuelle, dans la compréhension toujours plus grande des forces du mouvement de libération des femmes qu'elles doivent s'orienter vers les luttes des travailleuses, et dans la volonté de certains secteurs de la bureaucratie syndicale de plusieurs pays de commencer à prendre des initiatives à propos des revendications des femmes. Tous ces éléments indiquent le caractère et la composition futurs du mouvement de libération des femmes, ainsi que la nature de classe des forces qui se mettront à sa tête pour lui donner une direction.

g) Les luttes des femmes contre leur oppression en tant que sexe sont intimement liées à celles des travailleurs en tant que classe, sans pour autant en dépendre complètement ni s'y identifier. Les femmes ne peuvent conquérir leur libération qu'en s'alliant à la force organisée de la classe ouvrière. Mais cette nécessité historique ne signifie nullement que les femmes devraient attendre pour mener leurs luttes, quelles qu'elles soient, que la bureaucratie ouvrière en place soit remplacée par une direction révolutionnaire qui reprenne le drapeau de la libération des femmes. Pas plus que les femmes n'ont à attendre que la révolution socialiste ait créé les bases matérielles nécessaires pour en finir avec leur oppression. Au contraire, les femmes en lutte pour leur libération n'ont à attendre de personne qu'on leur montre la voie. C'est à elles de prendre la tête dans le déclenchement des luttes et pour les faire progresser. Ce faisant elles joueront un rôle dirigeant au sein de l'ensemble du mouvement ouvrier et contribueront à créer le type de direction ayant une orientation de lutte de classe, indispensable pour progresser sur tous les fronts.

h) Le sexisme est l'une des armes les plus puissantes utilisées par la classe dirigeante pour diviser et affaiblir le mouvement ouvrier. Mais il ne se contente pas de diviser et d'opposer les hommes et les femmes. Il s'enracine dans le caractère même de la société de classe, et dans les innombrables manières dont l'idéologie bourgeoise est inculquée à chaque individu dès sa naissance. Les patrons dressent chaque secteur de la classe ouvrière contre tous les autres. Ils encouragent l'idée que l'égalité des femmes ne peut être obtenue qu'aux *dépens* des hommes — en enlevant aux hommes leurs emplois, en abaissant leurs salaires et les privant du confort domestique. La bureaucratie réformiste du mouvement ouvrier joue bien sûr aussi sur ces divisions pour maintenir son contrôle. C'est un frein qui pèse aussi bien sur les femmes que sur les hommes, par-delà les clivages de sexe. L'éducation de la masse des travailleurs, hommes et femmes, par la propagande, l'agitation, et l'action à propos des besoins des femmes, constitue une part essentielle de la lutte pour dégager la classe ouvrière de l'emprise de l'idéologie bourgeoise réactionnaire. C'est un élément indispensable de la politisation et de l'éducation révolutionnaire du mouvement ouvrier.

i) La classe ouvrière ne peut atteindre la pleine possession de sa force de son pouvoir et de son unité que si le mouvement ouvrier commence à battre en brèche ses profondes divisions internes. Ce résultat ne sera atteint que si les travailleurs arrivent à comprendre que ceux d'entre eux qui se trouvent au sommet de l'échelle salariale ne doivent pas leurs avantages matériels relatifs au fait que d'autres subissent des discriminations et sont particulièrement opprimés. Ce sont au contraire les patrons qui profitent de telles stratifications et de telles divisions. Les intérêts de classe de *tous* les travailleurs sont les mêmes que ceux qui s'expriment dans les revendications et les besoins des couches les plus opprimées et les plus exploitées de la classe : les femmes, les nationalités opprimées, les travailleurs immigrés, les jeunes, les inorganisés, les chômeurs. Le mouvement des femmes a un rôle particulièrement important à jouer pour éduquer la classe ouvrière et lui faire comprendre cette vérité.

j) La lutte pour amener le mouvement ouvrier organisé à reprendre en charge les revendications des femmes s'inscrit dans la lutte pour amener la classe ouvrière à réfléchir d'un point de vue de classe et à agir politiquement. C'est un axe central de la bataille pour transformer les syndicats en instruments de lutte révolutionnaire au service des intérêts de toute la classe ouvrière. En combattant les efforts des patrons visant à maintenir la division au sein de la classe ouvrière, nous nous efforçons de gagner la base des syndicats, et en particulier les jeunes travailleurs les plus combatifs. Plus nous serons capables de remporter cette bataille, plus nous verrons la bureaucratie syndicale se diviser. Ceux qui refusent de défendre les intérêts de la grande majorité des plus opprimés et des plus exploités se verront peu à peu écartés.

La lutte du parti révolutionnaire pour conquérir l'hégémonie et la direction au sein de la classe ouvrière est inséparable de la lutte pour convaincre la classe ouvrière et ses organisations de reconnaître et d'appuyer les luttes des femmes comme partie prenante de leurs propres luttes.

k) La lutte contre l'oppression des femmes n'est pas une question secondaire ou marginale. C'est un problème vital pour le mouvement ouvrier, surtout dans une période d'accentuation de la polarisation de classe.

Parce que la place des femmes dans la société de classe engendre beaucoup d'angoisses et de craintes très profondes, et parce que l'idéologie qui cimente le statut d'infériorité des femmes garde une puissante emprise en particulier à l'extérieur de la classe ouvrière, les femmes restent une cible privilégiée pour toutes les organisations cléricales, réactionnaires et fascistes. Que ce soient les démocrates-chrétiens, la Phalange, ou les adversaires du droit à l'avortement, la réaction fait spécialement appel au soutien des femmes, en prétendant s'adresser à leurs besoins spécifiques, en profitant de leur dépendance économique sous le capitalisme, et en promettant de soulager les femmes du fardeau encore plus lourd qu'elles portent dans toutes les périodes de crise sociale.

Depuis le slogan « *Kinder-Kirche-Küche* » du mouvement nazi jusqu'à la mobilisation des femmes bourgeoises par les démocrates-chrétiens au Chili lors de la manifestation des casseroles vides en 1971, l'histoire a prouvé à maintes reprises que la mystique réactionnaire de la maternité et de la famille est l'une des armes les plus puissantes que la bourgeoisie ait forgée au service de la réaction.

Une fois de plus le Chili a tragiquement démontré que si le mouvement ouvrier échoue à présenter et à défendre un programme et une orientation révolutionnaires qui répondent aux besoins de la masse des femmes, nombre de femmes de la petite bourgeoisie ou même de la classe ouvrière seront soit mobilisées dans le camp de la réaction, soit neutralisées en tant que soutien potentiel du prolétariat.

Les changements objectifs dans le rôle économique et social des femmes, et la radicalisation nouvelle des femmes avec les changements de mentalités et d'attitudes qu'elle a entraînés, compromettent les chances de la réaction de l'emporter. C'est une source nouvelle d'optimisme révolutionnaire pour la classe ouvrière. Le caractère massif de la prise de conscience féministe en Espagne, qui représente une des composantes les plus significatives de la montée de la lutte des classes après la mort de Franco, prouve aussi la rapidité avec laquelle l'emprise idéologique de l'Église et de l'État peut commencer à s'effriter dans une période de fermentation révolutionnaire, même dans des secteurs de la population où elle était très forte.

l) Si la victoire de la révolution prolétarienne peut créer les bases matérielles de la socialisation du travail domestique et jeter les bases de l'égalité économique et sociale complète des femmes, cette reconstruction socialiste de la société, qui posera toutes les relations humaines sur des bases nouvelles, ne s'accomplira pas immédiatement et automatiquement. Pendant la période de transition vers le socialisme, la lutte pour extirper toutes les formes d'oppression héritées de la société de classe continuera. Par exemple, la division sociale du travail en tâches féminines et masculines doit être éliminée dans toutes les sphères d'activité depuis la vie quotidienne jusqu'aux entreprises. Il faudra prendre des décisions concernant la répartition des ressources insuffisantes. Il faudra mettre sur pied un plan économique qui tienne compte des besoins sociaux des femmes et qui contribue à une socialisation accélérée des tâches domestiques. Le maintien de l'organisation autonome des femmes sera une précondition pour parvenir démocratiquement à des décisions économiques et sociales correctes. Ainsi, même après la révolution, le mouvement autonome des femmes jouera un rôle indispensable comme garant de la capacité de la classe ouvrière dans son ensemble, hommes et femmes, à mener à bien la transformation sociale.

Notre stratégie de lutte de classe pour la lutte contre l'oppression des femmes, notre réponse à la question : comment mobiliser la classe ouvrière aux côtés des femmes et la masse des femmes aux côtés de la classe ouvrière a trois aspects : nos revendications politiques, nos méthodes de lutte, et notre indépendance de classe.

Nos revendications

À travers l'ensemble du corps de revendications que nous mettons en avant — qui traitent toutes les questions, depuis la liberté d'association politique, jusqu'au chômage et à l'inflation, en passant par l'avortement et la prise en charge des enfants, le contrôle ouvrier et l'armement du prolétariat — nous cherchons à articuler les besoins, les luttes et le niveau de conscience de la masse des travailleurs aujourd'hui avec le point culminant de la révolution socialiste. Comme partie intégrante de ce programme de transition, nous avançons des revendications qui répondent à l'oppression spécifique des femmes.

Notre programme est orienté vers les questions sur lesquelles les femmes peuvent entrer en lutte pour desserrer l'étau de leur oppression et remettre en cause les privilèges de la bourgeoisie. Il tient compte de tous les aspects de l'oppression des femmes : légale, économique, sociale, sexuelle, et offre des réponses à tous ces problèmes.

Ces revendications s'adressent à ceux qui sont responsables des conditions économiques et sociales dans lesquelles s'enracine l'oppression des femmes : la bourgeoisie, son gouvernement et ses agents. Nous fixons au mouvement de libération des femmes des objectifs clairs. Nous avançons nos revendications et notre propagande de façon à montrer comment une société qui ne serait plus fondée sur la propriété privée, l'exploitation et l'oppression transformerait radicalement la vie des femmes dans tous les domaines.

Cet ensemble de tâches et de mots d'ordre inclut des revendications immédiates, démocratiques et transitoires. Certaines peuvent être et seront arrachées à la bourgeoisie au cours de la lutte qui mènera à la révolution socialiste. De telles victoires sont source d'inspiration, de confiance accrue et d'indépendance. D'autres revendications seront partiellement satisfaites. Les plus fondamentales rencontreront jusqu'au bout la résistance de ceux qui contrôlent la propriété et la richesse. Elles ne seront satisfaites que par la conquête du pouvoir et la reconstruction socialiste de la société.

En luttant pour ces revendications — aussi bien celles qui apportent des solutions à l'oppression spécifique des femmes que celles qui répondent aux autres besoins des nationalités opprimées et de la classe ouvrière dans son ensemble — la masse des femmes arrivera à saisir les liens entre l'oppression et la domination de classe dont elles sont victimes.

Nos revendications orientées vers l'élimination de l'oppression spécifique des femmes sont centrées sur les points suivants :

1. Égalité totale, légale, politique et sociale pour les femmes

Pas de discrimination fondée sur le sexe. Droit pour toutes les femmes de voter, de s'engager dans une activité publique, de former ou d'adhérer à des organisations politiques, de vivre et de voyager où bon leur semble, d'entreprendre toute activité de leur choix. Abrogation de toutes les lois et règlements impliquant des discriminations à l'égard des femmes. Extension aux femmes de tous les droits démocratiques conquis par les hommes.

2. Droit des femmes à contrôler leur propre corps

Seule la femme a le droit de choisir si elle veut ou non prévenir ou interrompre une grossesse. Ce qui implique le rejet des plans de contrôle des populations qui sont des instruments du racisme ou des préjugés de classe et qui tentent de rejeter la responsabilité des maux de la société de classe sur la masse des ouvriers et des paysans.

a) Abrogation de toutes les restrictions gouvernementales en matière d'avortement et de contraception, y compris pour les mineures, les travailleuses immigrées et toutes celles qui sont privées des droits civiques.

b) Avortement libre et gratuit ; ni stérilisation forcée, ni aucune ingérence du gouvernement dans le droit des femmes à choisir si et quand elles veulent des enfants. Droit de la femme à toute méthode d'avortement ou de contraception de son choix.

c) Gratuité de la contraception et information la plus large. Centres de contraception et d'éducation sexuelle financés par l'État dans les écoles, les quartiers, les hôpitaux et les entreprises.

d) Priorité dans la recherche médicale au développement de contraceptifs pour les hommes et les femmes, efficaces et sans aucun danger ; suppression de toute expérimentation médicale et pharmaceutique sur les femmes sans leur consentement, sans qu'elles aient été pleinement informées ; nationalisation de l'industrie pharmaceutique.

3. Suppression des lois familiales bourgeoises et féodales, hypocrites, avilissantes et contraignantes

a) Séparation de l'Église et de l'État.

b) Suppression de tous les mariages forcés, de la vente et de l'achat des femmes. Abrogation de toutes les lois contre l'adultère. Abolition des lois accordant aux hommes des « *droits conjugaux* » sur leurs femmes. Suppression de toutes les lois séculaires ou religieuses sanctionnant les abus, la violence physique ou même le meurtre des épouses, sœurs et filles coupables de prétendus crimes contre « *l'honneur masculin* ».

c) Abolition de toutes les lois interdisant le mariage entre hommes et femmes de différentes races, religions ou nationalités.

d) Mariage par libre consentement et enregistrement civil.

e) Droit automatique au divorce à la demande de l'un des deux époux. Allocation d'État et formation professionnelle pour les femmes divorcées sans ressources.

f) Abolition du concept d'« *illégitimité* ». Suppression de toute discrimination à l'encontre des mères célibataires et de leurs enfants. Suppression du régime quasi-carcéral en vigueur dans les centres réservés aux mères célibataires et aux autres femmes qui n'ont nulle part où aller.

g) La prise en charge matérielle et l'éducation des enfants doivent reposer sur la société plutôt que sur les parents. Abolition de toutes les lois qui donnent aux parents des droits de propriété et un contrôle total sur les enfants. Promulgation et stricte application de lois contre les mauvais traitements infligés aux enfants.

h) Suppression de toutes lois pénalisant les prostituées. Suppression de toutes les lois qui renforcent la discrimination hommes-femmes en matière sexuelle. Suppression de toutes les lois qui pénalisent les jeunes pour activités sexuelles.

i) Abolition des mutilations de femmes au travers de la pratique de l'infibulation ou de la clitoridectomie.

j) Abrogation de toutes les lois contre les homosexuels. Suppression de toute discrimination à l'encontre des homosexuels, en matière d'emploi, de logement et de garde des enfants. Suppression de l'image caricaturale des homosexuels dans les manuels et les médias, et de la représentation des relations homosexuelles comme perversion contre nature.

k) Les violences faites aux femmes — souvent entérinées par des lois familiales réactionnaires — sont une réalité quotidienne que toutes les femmes vivent sous une forme ou une autre. Quand ce n'est pas sous la forme extrême du viol ou des coups, il y a la menace toujours présente de l'agression sexuelle implicite au travers de la circulation très large de littérature pornographique et des remarques et gestes obscènes que les femmes subissent constamment dans la rue et au travail.

Nous exigeons la suppression des lois reposant sur la présomption que les femmes victimes de viol sont les coupables ; ouverture de centres — indépendants de la police et de la justice — pour accueillir, conseiller et aider les femmes battues, violées, et les autres femmes victimes de violences sexuelles ; amélioration des transports publics, de l'éclairage des rues, et autres services publics pour une meilleure sécurité des femmes qui sortent seules.

Les violences contre les femmes sont le produit empoisonné des conditions générales, économiques et sociales, de la société de classe. Elles augmentent inévitablement pendant les périodes de crise sociale. Mais nous nous efforçons d'inculquer aux femmes et aux hommes l'idée que la violence sexuelle ne peut être extirpée sans changer les fondements sur lesquels repose la dégradation économique, sociale et sexuelle des femmes. Nous dénonçons l'utilisation raciste et anti-ouvrière des lois contre le viol qui frappe les hommes des nationalités opprimées. Nous repoussons les revendications avancées par certaines féministes visant à infliger des peines sévères aux violeurs condamnés ou à renforcer l'appareil répressif de l'État, dont les flics sont connus pour être parmi les plus brutaux à l'égard des femmes.

Nous nous opposons à toute censure littéraire, même quand elle prend pour prétexte la nécessité de lutter contre la pornographie.

4. Totale indépendance économique des femmes

a) Garantie d'emploi avec salaire au tarif syndical, pour toutes les femmes qui veulent travailler, associée à une échelle mobile des heures de travail et des salaires pour combattre l'inflation et le chômage chez les hommes et les femmes. Abaissement du temps de travail pour tous !

b) Abolition des lois discriminatoires déniant aux femmes le droit de recevoir et de disposer de leurs propres salaires et propriétés personnelles.

c) À travail égal, salaire égal. Pour un salaire national minimum basé sur la grille des syndicats.

d) Pas de discrimination contre les femmes dans les métiers, professions, catégories de travail, apprentissages, stages de formation.

e) Mesures préférentielles accordées pour l'embauche, la formation, la promotion, y compris l'ancienneté, pour les femmes et les autres catégories surexploitées de travailleurs, visant à battre en brèche les effets de la discrimination systématique qui s'exerce à leur encontre depuis des siècles. Pas de mesures préférentielles pour les hommes dans les secteurs traditionnellement masculins du commerce et de l'industrie.

f) Congés maternité payés, pour le père et la mère, sans perte de l'emploi ni de l'ancienneté.

g) Attribution aux hommes comme aux femmes de congés payés pour soigner les enfants malades.

h) Extension aux hommes de la législation qui protège les femmes en leur accordant des conditions de travail particulières et plus avantageuses, afin d'améliorer les conditions de travail à la fois pour les hommes et les femmes, et d'empêcher un usage de cette législation de protection qui soit discriminatoire à l'égard des femmes.

i) Âge de la retraite égal pour les hommes et les femmes, chacun étant libre de prendre ou non sa retraite.

j) Pour celles et ceux qui travaillent à temps partiel, garantie du même salaire horaire et des mêmes avantages que les travailleurs à plein temps.

k) Dédommagement au tarif syndical pour toute la durée du chômage pour les femmes et les hommes, y compris les jeunes qui ne peuvent s'insérer dans le marché du travail, sans considération du statut matrimonial ou du statut professionnel antérieur. Garantie des indemnités de chômage face à l'inflation par augmentations automatiques.

5. Égalité d'accès à l'éducation

a) Admission libre et gratuite pour toutes les femmes à toutes les institutions scolaires et toutes les branches de formation y compris la formation permanente. Mesures préférentielles d'admission des femmes dans certaines branches afin de favoriser leur entrée dans des secteurs traditionnellement masculins et leur accès à des formations et des métiers dont elles ont jusqu'ici été exclues.

b) Suppression de toutes pressions sur les femmes les incitant à se préparer à un « *travail de femmes* » tel que le ménage, le secrétariat, le métier d'infirmière ou d'enseignante.

c) Stages spéciaux de recyclage pour aider les femmes à réintégrer le marché du travail.

d) Suppression dans les manuels et les médias de la représentation des femmes comme objets sexuels, et créatures stupides, émotives et sans défense. Cours consacrés à l'enseignement de la véritable histoire des luttes des femmes contre leur oppression. Cours d'éducation physique pour apprendre aux femmes à développer leur force et à affirmer leurs capacités physiques.

e) Suppression des expulsions d'étudiantes enceintes ou de mères célibataires et de la ségrégation dans les centres spéciaux.

6. Réorganisation de la société pour en finir avec l'esclavage domestique des femmes

On ne peut « *abolir* » la famille en tant que cellule économique par décret. On ne peut que la remplacer à terme. Le but de la révolution socialiste est de créer des solutions alternatives économiques et sociales qui soient supérieures à l'institution familiale actuelle et mieux à même de faire face aux besoins auxquels répond aujourd'hui, si médiocrement que ce soit, la famille, afin que les relations personnelles découlent d'un libre choix et non de la contrainte économique.

À la propagande et à l'agitation ultra-gauches pour l'« *abolition* » de la famille, nous opposons :

a) Écoles et crèches ouvertes 24 heures sur 24, gratuites et financées par le gouvernement, bien situées et d'accès pratique, ouvertes à tous les enfants de la petite enfance jusqu'à la prime adolescence avec un personnel mixte formé à cet effet sans considération du revenu des parents, de leur situation professionnelle ou de la situation matrimoniale. Suppression de toutes les pratiques éducatives sexistes ; contrôle des usagers sur les soins et l'éducation donnés aux enfants.

b) Soins médicaux gratuits pour tous, et équipements d'accueil réservés aux enfants malades.

c) Développement systématique de services sociaux bon marché et de qualité tels que cafétérias, restaurants, possibilités de repas tout prêts à emporter, ouverts à tous, de laveries collectives, d'entreprises de ménage et de nettoyage.

d) Programme financé par le gouvernement de construction accélérée de logements sains et spacieux pour tous ; pas de loyer supérieur à 10 pour cent du revenu ; pas de discrimination à l'encontre des femmes célibataires ou des femmes ayant des enfants.

Ces revendications indiquent les problèmes qui seront au centre de la lutte des femmes pour leur libération, et mettent en valeur l'imbrication de cette lutte avec les revendications avancées par d'autres couches opprimées de la société et avec les besoins de l'ensemble de la classe ouvrière. C'est en se battant sur ce terrain qu'on éduquera la classe ouvrière à comprendre le sexisme et à le combattre sous toutes ses formes et sous tous ses aspects.

Le mouvement de libération des femmes soulève maints problèmes. L'évolution du mouvement a déjà prouvé que toutes les questions n'auront pas la même importance à tout moment. Quelles revendications avancer à un moment donné d'une lutte ; quelle est la meilleure façon de formuler des revendications spécifiques pour les rendre accessibles aux masses et les mobiliser ; à quel moment avancer de nouvelles revendications pour faire avancer la lutte ? La réponse à ces problèmes tactiques est du ressort du parti révolutionnaire, c'est l'essence de la politique.

Nos méthodes de lutte

1. Nous utilisons les méthodes prolétariennes de mobilisation et d'action pour obtenir la satisfaction de ces revendications. Toute notre démarche consiste à amener les masses à se mettre en mouvement, à entrer en lutte, quel que soit leur niveau de conscience au départ. Les masses ne tirent pas des leçons de la seule vertu d'un discours ou de l'action exemplaire menée par d'autres. Seule leur participation directe développera, accroîtra et transformera la conscience politique des masses. Seule leur propre expérience ralliera des millions de femmes au combat révolutionnaire et leur fera comprendre la nécessité d'en finir avec un système économique fondé sur l'exploitation.

Notre objectif est d'apprendre aux masses à compter sur leurs propres forces unies. Nous utilisons les élections et les autres institutions de la démocratie bourgeoise pour présenter clairement notre programme au plus grand nombre possible de travailleurs. Mais nous opposons l'action de masse extra-parlementaire — manifestations, meetings, grèves, occupations — à la confiance dans les élections, les groupes de pression, les Parlements, les institutions, et les politiciens bourgeois et petit-bourgeois qui y passent leur temps.

Nos méthodes de lutte de classe ont pour but de susciter les initiatives de la grande majorité des femmes ; de les rassembler ; de briser leur isolement au foyer ; de combattre leur manque de confiance en leurs propres capacités, leur intelligence, leur indépendance et leur force. En luttant à leurs côtés, nous tendons à montrer que l'exploitation de classe est la source de l'oppression des femmes et que l'élimination de cette exploitation est la seule voie de leur émancipation.

De même que nous nous efforçons de développer la conscience de classe du mouvement de libération des femmes, nous nous efforçons de faire prendre en charge par le mouvement ouvrier la lutte contre tous les aspects de l'oppression des femmes.

Dans toutes les luttes, nous cherchons à amener les femmes à prendre conscience de l'inégalité de classe qui renforce l'oppression des plus exploités. Nous essayons d'amener le mouvement à s'orienter d'abord et avant tout vers la mobilisation des femmes de la classe ouvrière et des nationalités opprimées. À travers le système de revendications que nous avançons et la propagande que nous développons, nous tâchons d'orienter la lutte dans une direction anticapitaliste. Nous mettons en lumière les implications de classe des revendications et nous dénonçons la logique du profit et les conditions de la société de classe qui limitent la capacité de la bourgeoisie à concrétiser et à respecter les concessions mêmes qui lui ont été arrachées par la lutte.

2. L'oppression des femmes en tant que sexe constitue la base objective pour la mobilisation des femmes en lutte dans le cadre de leurs organisations propres.

C'est pourquoi la IVe Internationale apporte son soutien et contribue à la construction du mouvement de libération des femmes.

Par mouvement des femmes, nous entendons toutes les femmes qui s'organisent à un niveau ou un autre contre l'oppression que leur impose la société : groupes femmes, groupes de conscience, groupes de quartiers, groupes d'étudiantes, groupes d'entreprises, commissions syndicales, organisations des femmes des nationalités opprimées, groupes de féministes lesbiennes, cartels de campagne sur des revendications spécifiques. Le mouvement des femmes se caractérise par son hétérogénéité, son impact sur toutes les couches de la société, et par le fait qu'il n'est rattaché à aucune organisation politique en particulier, même si divers courants se manifestent en son sein. D'autre part, certains groupes et comités unitaires, bien que dirigés et soutenus par des femmes, sont ouverts aux hommes aussi, comme l'organisation nationale pour les femmes aux États-Unis *(NOW)*, et la *Campagne nationale pour l'avortement* en Grande-Bretagne *(NAC)*. Alors que la plupart des groupes femmes sont apparus au départ en marge des organisations de masse de la classe ouvrière, la radicalisation croissante parmi les femmes de la classe ouvrière a amené un nombre toujours plus grand d'entre elles à s'organiser au sein de leurs organisations de classe. En Espagne, de nombreuses femmes ont adhéré aux CO *(Commissions ouvrières)* impulsant l'animation des comités féminins de ce syndicat. En France, des milliers de femmes participent aujourd'hui aux commissions féminines syndicales et aux groupes du Planning familial, ainsi qu'aux groupes femmes en général. En Bolivie, les femmes de mineurs ont formé des comités de ménagères affiliés à la *COB (Centrale syndicale de Bolivie)*. Mais tout cela fait partie de cette réalité mouvante et encore très peu structurée qu'on appelle le mouvement indépendant ou autonome des femmes.

Indépendant ou autonome ne signifie pas pour nous indépendant de la lutte des classes ou des exigences de la classe ouvrière. Au contraire, seule la fusion des objectifs et des revendications du mouvement des femmes avec les luttes de la classe ouvrière permettra le rassemblement des forces nécessaires pour atteindre les buts des femmes.

Par indépendant ou autonome, nous voulons dire que le mouvement est organisé et dirigé par des femmes ; qu'il considère la lutte pour les droits et les exigences des femmes comme une priorité absolue, et qu'il refuse de subordonner cette lutte à d'autres intérêts, quels qu'ils soient ; qu'il n'est subordonné aux décisions ou à l'orientation d'aucune tendance politique ni d'aucun groupe social ; qu'il est décidé à mener jusqu'au bout la lutte par tous les moyens, et avec toutes les forces qui se révéleront nécessaires.

Certes, la totalité du mouvement ne remplit pas ces critères au même degré, mais telle est bien la nature du mouvement de femmes que nous cherchons à construire.

3. Les groupes non-mixtes représentent un aspect décisif de la forme organisationnelle dominante dans le mouvement des femmes. Ceux-ci sont apparus sur pratiquement tous les terrains depuis les écoles et les églises jusqu'aux usines et aux syndicats. Ce phénomène reflète la volonté des femmes de prendre la direction de leurs propres organisations où elles peuvent apprendre, se révéler et jouer un rôle dirigeant sans crainte d'être dépréciées ou régentées par les hommes ou d'avoir à rivaliser avec eux d'entrée.

Avant que les femmes puissent diriger les autres, il leur faut se débarrasser de leurs sentiments d'infériorité et de leur tendance à sous-estimer leurs propres capacités. Il leur faut apprendre à se diriger elles-mêmes. Les groupes féministes qui refusent consciemment et délibérément d'intégrer des hommes aident bien des femmes à faire les premiers pas pour se débarrasser de leur mentalité d'esclave, pour acquérir la confiance, la fierté et le courage d'agir comme des êtres politiques. Les petits « *groupes de conscience* » qui sont apparus partout comme une des formes les plus répandues de la nouvelle radicalisation aident maintes femmes à réaliser que leurs problèmes ne viennent pas de leurs carences personnelles, mais sont des produits sociaux, communs à d'autres femmes.

S'ils fonctionnent en cercle fermé et se limitent à la discussion interne comme substitut à l'entrée en action aux côtés des autres, les groupes non-mixtes peuvent devenir un obstacle à la progression politique des femmes qui y participent.

Cependant, ils ouvrent souvent aux femmes la possibilité de rompre pour la première fois leur isolement d'acquérir de l'assurance, et d'entrer en action.

La volonté des femmes de s'organiser en groupes non-mixtes est aux antipodes de la pratique suivie par de nombreux partis de masse staliniens qui mettent sur pied des organisations de jeunesse distinctes pour les hommes et les femmes dans le but de réprimer l'activité sexuelle et de renforcer les attitudes stéréotypées selon les sexes — autrement dit l'infériorité des femmes. Les groupes non-mixtes autonomes qui se sont formés à ce jour expriment en partie la défiance que bien des femmes éprouvent à l'égard des organisations réformistes de masse de la classe ouvrière, qui ont échoué si lamentablement à lutter pour leurs exigences.

Notre soutien et notre travail de construction du mouvement autonome de libération des femmes distinguent aujourd'hui la IVe Internationale de maints groupes sectaires qui prétendent s'en tenir à l'orthodoxie marxiste telle qu'elle apparaît dans leurs interprétations des résolutions des quatre premiers congrès de la IIIe Internationale. De tels groupes rejettent la construction de toute organisation de femmes sauf celles qui sont rattachées directement au parti et sous son contrôle politique.

Nous soutenons et nous construisons des groupes de libération des femmes non-mixtes. Aux « *marxistes* » qui prétendent que les organisations et les réunions non-mixtes divisent la classe ouvrière selon des clivages de sexe, nous répondons que ce ne sont pas ceux et celles qui luttent contre leur oppression qui sont responsables de la création ou du maintien des divisions. Le capitalisme divise la classe ouvrière selon la race, le sexe, l'âge, la nationalité, la qualification et par tous les moyens possibles. Notre tâche consiste à organiser et soutenir les luttes des couches les plus opprimées et les plus exploitées qui avancent des revendications, reflètent les intérêts de toute la classe et qui sont appelées à prendre la tête de la lutte pour le socialisme. Ce sont ceux qui souffrent le plus de l'ordre ancien qui combattront le plus énergiquement pour un monde nouveau.

4. Les formes de notre intervention peuvent varier considérablement selon la situation concrète où se trouvent nos organisations. Notre tactique est dictée par notre objectif stratégique, qui est d'éduquer et de faire entrer en action des forces beaucoup plus larges que nous-mêmes, en particulier des forces décisives de la classe ouvrière, de participer à la construction d'un mouvement de femmes de masse, de renforcer l'aile « *lutte de classe* » du mouvement des femmes et de recruter les meilleurs cadres au parti révolutionnaire.

Parmi les facteurs à prendre en considération, il faut compter l'étendue de nos propres forces ; la taille, la nature et le niveau politique des courants de libération des femmes ; la force des courants libéraux, sociaux-démocrates, staliniens et centristes auxquels nous devons nous confronter et le contexte politique général où nous intervenons. Le choix entre l'organisation de groupes de libération des femmes sur la base d'un programme socialiste large, l'intervention dans les organisations existantes du mouvement de libération des femmes, la construction de cartels larges sur des thèmes spécifiques, l'intervention dans les commissions syndicales ou dans toute autre organisation de masse ; la combinaison de plusieurs de ces interventions, ou une intervention sous des formes complètement différentes, sont des questions tactiques. Quelle que soit la forme organisationnelle que nous adoptions, la question fondamentale à trancher est la même : quels thèmes et quelles revendications avancer dans la situation donnée afin de mobiliser le plus efficacement les femmes et leurs alliés dans la lutte ?

5. Il n'y a pas de contradiction entre, d'une part, le soutien et la construction d'organisations non-mixtes pour lutter pour la libération des femmes ou pour des revendications spécifiques touchant à l'oppression des femmes, et, d'autre part, la construction de comités de masse unitaires regroupant hommes et femmes dans la lutte pour les mêmes revendications. Les campagnes pour le droit à l'avortement en ont fourni un bon exemple. Les femmes seront la colonne vertébrale de telles campagnes, mais puisque cette lutte se mène pour les intérêts de la masse des travailleurs, notre orientation consiste à gagner au mouvement le soutien de toutes les organisations de la classe ouvrière et des opprimés.

6. Notre orientation, qui vise à mobiliser dans l'action la masse des femmes, peut souvent se concrétiser le mieux dans la période actuelle, par des campagnes sur des revendications concrètes suscitant le soutien le plus large possible, sur la base d'actions de front unique. Cela est d'autant plus vrai si l'on considère la faiblesse relative des sections de la IVe Internationale et la force relative des libéraux et de nos adversaires réformistes pratiquant une politique de collaboration de classes. Pour nombre d'hommes et de femmes, la participation à des actions de ce genre a été le premier pas vers le soutien aux objectifs politiques du mouvement de libération des femmes. Les campagnes unitaires pour l'avortement dans de nombreux pays fournissent un exemple de ce type d'intervention.

À travers de telles interventions de type front unique, nous pouvons faire peser une force maximum contre les gouvernements capitalistes et faire prendre conscience aux femmes et à la classe ouvrière de leur propre force. Dans la mesure où les libéraux, « *amis* » des femmes, les staliniens, les sociaux-démocrates, et les bureaucrates syndicaux refuseront de soutenir ces campagnes unitaires répondant aux besoins des femmes, ils s'isoleront et se démasqueront par leur propre inaction, leur opposition ou leur volonté de subordonner les exigences des femmes à leur recherche d'alliances avec les secteurs dits « *progressistes* » de la bourgeoisie. Et si la pression des masses les oblige à soutenir ces actions, cela ne pourra qu'élargir l'audience de masse de ces campagnes et accroître les contradictions au sein des organisations libérales et réformistes.

Comme on a déjà pu le voir très clairement à propos de la question de l'avortement, ces campagnes unitaires jouent un rôle particulièrement important dans le renforcement des liens entre le mouvement autonome des femmes et le mouvement ouvrier, car ce sont elles qui pèsent le plus pour obliger la bureaucratie ouvrière à réagir.

7. Parce que notre orientation est de construire un mouvement de femmes sur des bases ouvrières de par sa composition et sa direction, et à cause de l'imbrication entre la lutte pour la libération des femmes et la transformation des syndicats en instruments de défense réelle des intérêts de toute la classe, nous accordons une importance particulière aux luttes menées par les femmes dans les syndicats et au travail. Notre but est d'amener les femmes à avoir une participation active dans les syndicats comme dans le mouvement de libération des femmes. Là, comme ailleurs dans la société capitaliste, les femmes sont soumises à la domination masculine, à la discrimination en tant que sexe inférieur qui est sorti de son « *rôle naturel* ». Mais le nombre croissant de femmes présentes dans la force de travail et la prise de conscience de plus en plus massive de la double oppression dont elles sont victimes ont déjà apporté

des changements significatifs dans les attitudes des femmes travailleuses, en renforçant leur volonté de s'organiser, de se syndiquer et de lutter pour leurs droits.

Les femmes travailleuses participent à de nombreuses luttes sur des revendications générales qui touchent aux besoins économiques et aux conditions de travail de tous les travailleurs. Souvent, elles soulèvent aussi les besoins particuliers des femmes travailleuses tels que l'égalité des salaires, les allocations maternité, les crèches et la priorité à l'embauche et à la formation. Ces deux types de revendications sont décisifs pour la lutte pour la libération des femmes comme pour la classe ouvrière en général. Ces luttes et ces revendications émanant des femmes travailleuses pèseront davantage avec l'approfondissement de la lutte des classes sous l'impact de la crise économique. Elles auront un impact toujours plus grand sur le mouvement de libération des femmes.

La plupart des femmes qui participent à ces luttes ne se considèrent pas comme féministes au départ. Elles pensent simplement qu'elles ont droit à un salaire égal quand elles font le même travail qu'un homme, ou elles croient qu'elles ont le droit d'être employées dans un secteur traditionnellement « *masculin* ». À ce stade, elles ont plutôt tendance à rejeter énergiquement le qualificatif de féministes.

Les femmes travailleuses qui sont amenées à participer à des luttes dans l'entreprise sont confrontées aux mêmes problèmes et aux mêmes conditions qui ont suscité l'émergence du mouvement autonome des femmes. Elles ont souvent à faire face à des agressions sexistes et à des abus organisés et provoqués par leurs chefs et leurs contremaîtres. Même lorsque de telles agressions proviennent de leurs compagnons de travail, c'est souvent le résultat d'une atmosphère entretenue par le patron. Les femmes sont parfois confrontées à la tâche difficile de devoir lutter pour convaincre le syndicat de les défendre contre les agressions dont elles sont victimes de la part de la direction du personnel. Elles ont à convaincre leurs compagnons de travail que lorsqu'ils rendent la vie difficile à une femme sur son lieu de travail, ils font le jeu du patron et facilitent sa politique du « *diviser pour régner* ». Quand les femmes commencent à jouer un rôle actif, à prendre des responsabilités de direction, à prouver leurs capacités de direction à elles-mêmes et aux autres, à acquérir de l'assurance et à jouer un rôle indépendant, elles progressent dans la compréhension des objectifs mis en avant par la lutte du mouvement de libération des femmes. La présentation correcte de revendications et d'objectifs clairs et concrets par le mouvement féministe est indispensable pour gagner l'audience et la participation de millions de femmes travailleuses, dont la prise de conscience politique commence quand elles essayent d'affronter leurs problèmes, en tant que femmes qui doivent aussi prendre un emploi pour vivre.

8. Le poids et le rôle croissants des femmes dans le mouvement ouvrier ont un impact important sur la conscience de nombreux travailleurs, qui se mettent à considérer les femmes davantage comme des partenaires égales dans la lutte et moins comme des créatures faibles qu'on doit choyer et protéger.

Dans ce cadre, les revendications pour la priorité à l'embauche, la formation, et la promotion professionnelle des femmes dans les secteurs traditionnellement masculins de l'économie ont une importance particulière.

a) Elles remettent en question la division dans la classe ouvrière selon des clivages de sexes, divisions entretenues et maintenues par les patrons pour affaiblir la classe ouvrière et garantir le bas niveau des salaires et des conditions de travail de toute la classe.

b) Elles contribuent à apprendre à la fois aux travailleurs et aux travailleuses à évaluer les effets matériels de la discrimination contre les femmes, et la nécessité de mesures délibérées pour battre en brèche les effets de siècles de subordination forcée.

c) Quand les femmes commencent à combattre la division sexuelle traditionnelle du travail et à imposer l'égalité des droits à l'emploi et leur capacité à accomplir des travaux « *masculins* » aussi bien que les hommes, elles sapent les préjugés et les attitudes sexistes dans la classe ouvrière et elles remettent en cause la division sociale du travail dans tous les domaines.

Les luttes qui ouvrent aux femmes l'accès à des secteurs d'enseignement, à des professions et des postes de direction jusque-là hégémoniquement masculins, posent de façon on ne peut plus claire le problème du statut inférieur des femmes et de son abolition. De pair avec les revendications qui posent le problème des droits démocratiques élémentaires des femmes et celles qui s'orientent vers la socialisation du travail domestique accompli par les femmes, telles que l'extension et l'amélioration des crèches, elles ont un puisssant impact éducatif dans la classe ouvrière.

9. Ces revendications ont aussi une importance particulière car elles font partie de la lutte pour transformer les syndicats en instruments révolutionnaires de lutte de classe et remettent en cause les penchants sexistes de la bureaucratie ouvrière. La bureaucratie syndicale s'appuie sur les couches les plus privilégiées des travailleurs qui considèrent habituellement les revendications préférentielles comme une menace contre leurs prérogatives immédiates. Les éléments les plus conscients de la bureaucratie s'opposent donc obstinément aux revendications avancées par les secteurs les plus opprimés et les plus exploités de la classe ouvrière qui visent à battre en brèche les divisions profondes au sein de la classe. Un aspect important de notre orientation stratégique pour le développement d'une aile gauche de lutte de classe dans le mouvement ouvrier consiste à utiliser le poids croissant de forces telles que le mouvement de libération des femmes pour poser les problèmes sociaux et politiques cruciaux où le mouvement

ouvrier devrait jouer un rôle moteur. Plus la base des syndicats apportera son soutien à de telles luttes, plus la politique anti-féministe — et donc anti-ouvrière — des bureaucrates deviendra évidente, et plus de nouvelles forces s'affirmeront comme direction alternative.

10. Organiser les femmes travailleuses présente beaucoup de difficultés. Précisément à cause de leur oppression en tant que femmes, elles sont moins susceptibles de se syndiquer ou d'avoir une solide conscience de classe. Leur participation à la force de travail est souvent temporaire. Le double fardeau de leurs responsabilités et des corvées domestiques est épuisant et prend du temps, leur laissant moins d'énergie pour l'activité politique et syndicale. L'insuffisance criante des crèches rend leur participation aux réunions particulièrement difficile.

C'est pourquoi, la lutte pour convaincre les syndicats de reprendre en charge les revendications spécifiques des femmes, est inséparable de la lutte pour la démocratie syndicale. La démocratie syndicale implique non seulement des questions telles que le droit pour les syndiqués de décider sur tous les problèmes, d'élire toutes les instances dirigeantes et les permanents, et le droit de former des tendances, mais aussi des mesures spéciales qui permettent aux femmes de participer à part entière : crèches organisées par le syndicat pendant les réunions, commissions syndicales qui traitent spécifiquement des besoins des femmes, droit de se réunir dans des réunions non-mixtes si nécessaire, modalités spéciales de réunion pendant les heures de travail, et mesures pour assurer une représentation appropriée des femmes dans toutes les instances dirigeantes. Dans le mouvement ouvrier, la remise en question des attitudes et pratiques sexistes fait partie intégrante de la lutte pour la démocratie syndicale et la solidarité de classe.

11. Si nous accordons une importance particulière aux luttes des femmes travailleuses, nous ne négligeons pas pour autant l'oppression subie par les ménagères. Au contraire, nous présentons consciemment un programme qui réponde aux problèmes aigus que rencontrent les femmes au foyer, dont l'écrasante majorité sont des femmes de la classe ouvrière, qui passeront une partie de leur vie sur le marché du travail, en plus de leur obligation d'assumer les responsabilités domestiques. Nous leur offrons la perspective d'échapper à l'esclavage abrutissant du travail ménager, à l'isolement qu'il impose à chaque femme individuellement, à la dépendance économique des femmes au foyer, avec la peur et l'insécurité qu'elle engendre. Nous proposons notre programme de socialisation du travail ménager et d'intégration des femmes à égalité dans la force productive de travail comme alternative aux solutions offertes par la réaction : *glorification du travail ménager et de la maternité,* propositions de dédommager les femmes de leur esclavage domestique *par le biais du salaire ménager* ou des projets similaires a priori séduisants.

Alors que le capitalisme en crise se décharge de plus en plus des fardeaux économiques sur la cellule familiale, ce sont souvent les ménagères qui jonglent avec le budget familial pour faire face aux nécessités vitales ; ce sont elles qui sont les premières à descendre dans la rue pour protester contre le manque de vivres ou l'inflation rampante. De tels mouvements peuvent représenter un premier pas vers la prise de conscience politique et l'action collective pour des milliers de femmes. Ces mouvements de protestation interpellent le mouvement ouvrier et lui offrent la possibilité de s'y joindre et de leur fournir une direction et des perspectives ; ils peuvent se répandre comme une traînée de poudre. Les revendications pour des comités de contrôle des prix regroupant travailleurs et consommateurs offrent un terrain de lutte commun au mouvement ouvrier, aux ménagères en lutte et aux autres consommateurs.

À la différence des ménagères, cependant, les femmes travailleuses sont déjà partiellement organisées par le marché du travail. Leur place dans la classe ouvrière, dans le mouvement ouvrier, et leur statut économique les mettent en position de jouer un rôle de direction et de pivot dans les luttes des femmes et de l'ensemble de la classe ouvrière.

12. Il n'y a pas de contradiction entre la construction du mouvement autonome des femmes, la construction de syndicats, et celle d'un parti marxiste-révolutionnaire d'hommes et de femmes.

La lutte pour le socialisme exige les trois à la fois. Ils remplissent des fonctions différentes. Le mouvement féministe de masse mobilise les femmes dans la lutte pour leurs exigences dans le cadre de leurs propres organisations. Les syndicats sont les organisations élémentaires pour la défense économique de l'ensemble de la classe ouvrière. Le parti marxiste-révolutionnaire, par son programme et sa pratique offre une direction à la classe ouvrière et ses alliés, y compris les femmes, et oriente sans compromission tous les fronts de la lutte des classes vers une action combinée qui vise à l'établissement d'un gouvernement ouvrier et à l'abolition du capitalisme.

Il n'y a pas de fondement objectif pour une organisation de femmes marxistes-révolutionnaires séparée. Ce n'est que si les femmes et les hommes partagent à égalité les droits et les responsabilités dans les rangs et la direction d'un parti qui développe des positions et une pratique politiques représentant les intérêts de tous les opprimés et les exploités, que le parti pourra conduire la classe ouvrière à accomplir ses tâches historiques.

Nous soutenons qu'il n'y a pas de problèmes concernant exclusivement les femmes. Toutes les questions qui concernent la moitié féminine de l'humanité relèvent aussi de problèmes sociaux plus larges d'un intérêt vital pour la classe ouvrière dans son ensemble. Si nous avançons des revendications qui touchent à l'oppression spécifique des femmes nous n'avons pas de programme séparé pour la libération des femmes. Nos revendications sont partie intégrante de notre programme de transition pour la révolution socialiste.

13. Le programme du parti révolutionnaire fait la synthèse des leçons que l'on peut tirer des luttes contre toutes les formes d'exploitation et d'oppression économique et sociale. Le parti exprime les intérêts historiques du prolétariat à travers son programme et sa pratique. Ainsi, non seulement il tire les leçons de la participation de ses militantes au mouvement de libération des femmes, mais il a un rôle indispensable à jouer. À travers notre travail de construction du mouvement des femmes, nous approfondissons la compréhension du parti à propos de l'oppression des femmes, et de la lutte contre cette oppression. Et nous nous battons aussi pour gagner des forces toujours plus larges à une stratégie efficace pour la libération des femmes, c'est-à-dire, à une perspective de lutte de classes.

Nous n'exigeons pas un accord sur notre programme comme condition préalable à la construction d'un mouvement autonome des femmes. Au contraire, un mouvement sur des bases larges, au sein duquel toute une gamme d'expériences personnelles et d'orientations politiques peuvent se confronter dans le cadre de débats et de discussions démocratiques, ne peut que renforcer l'assurance et la combativité politique du mouvement ; il accroît la possibilité de développer une orientation correcte.

Cependant nous ne nous battons pas pour l'unité organique de toutes les composantes du mouvement des femmes à tout prix. Nous luttons pour l'unité la plus large possible dans l'action, sur la base des revendications et de pratiques qui reflètent authentiquement les besoins objectifs des femmes. C'est là le programme qui répond aux intérêts de la classe ouvrière.

Au sein du mouvement de libération des femmes, nous essayons de rassembler celles qui partagent notre orientation de lutte de classes dans un courant le plus large possible. Une lutte résolue contre toutes les formes d'oppression impose de combattre dans la plus grande clarté toute tentative de dévoyer des luttes de femmes dans la voie des impasses réformistes et la gestion de l'austérité, ou encore dans la voie des solutions individuelles. Nous nous efforçons de recruter les plus conscientes et les plus combatives pour le parti révolutionnaire.

Notre but est de conquérir la direction du mouvement de libération des femmes en montrant aux femmes, par notre pratique, que nous détenons le programme et l'orientation qui peuvent mener à leur libération. Ce n'est pas une position sectaire. Il ne s'agit pas non plus d'une tentative de manipulation pour dominer ou contrôler le mouvement de masse. Au contraire, cela reflète notre conviction que la lutte contre l'oppression des femmes ne peut être victorieuse que si le mouvement féministe progresse dans une direction anticapitaliste. Une telle évolution n'est pas automatique. Elle dépend des revendications que nous avançons, de la nature de classe des forces vers lesquelles le mouvement féministe s'oriente et des formes d'action qu'il entreprend. Seules l'intervention consciente du parti révolutionnaire et sa capacité à conquérir la confiance et la direction des femmes en lutte pour leur libération offrent des garanties que la lutte des femmes sera, à terme, victorieuse.

14. Nous nous intéressons à tous les aspects de l'oppression des femmes. Cependant, en tant que parti politique qui s'appuie sur un programme représentant les intérêts historiques de la classe ouvrière et de tous les opprimés, notre tâche première est de contribuer à orienter le mouvement des femmes vers une action politique qui puisse effectivement mener au renversement de la propriété privée dans laquelle s'enracine l'oppression. À partir de chaque aspect de l'oppression des femmes, nous nous efforçons de mettre sur pied des revendications et des actions qui remettent en question la politique sociale et économique de la bourgeoisie et indiquent les solutions qui seraient possibles si toute politique sociale n'était pas définie en vue de réaliser des profits maximums.

Notre conception de la lutte pour la libération des femmes en tant que question éminemment politique nous met souvent en conflit avec les courants petits-bourgeois des féministes radicales, qui opposent le développement de nouveaux « *modes de vie* » individuels à l'action politique dirigée contre l'État. Elles s'en prennent aux hommes plutôt qu'au capitalisme. Elles opposent l'éducation des hommes en tant qu'individus pour les rendre moins sexistes, à l'organisation contre le gouvernement bourgeois qui défend et soutient les institutions de la société de classes responsables de la domination masculine et de l'oppression des femmes. Souvent, elles tentent de construire d'utopiques « *contre-institutions* » à l'intérieur de la société de classes.

En tant que révolutionnaires, nous reconnaissons que les problèmes que bien des femmes cherchent à résoudre de cette façon sont réels et sérieux. Notre critique n'est pas dirigée contre les individus qui essayent de trouver une issue personnelle face aux pressions intolérables que la société capitaliste leur impose. Mais nous soulignons que, pour la masse des travailleurs, il n'y a pas de solution « *individuelle* ». Ils doivent lutter collectivement pour changer la société avant que leur « *mode de vie* » ne connaisse des changements significatifs. En dernière instance, il n'est pas de solution purement personnelle pour aucun d'entre nous. Les échappatoires individuelles sont une forme d'utopie qui ne peut mener qu'à la désillusion et à la dispersion des forces révolutionnaires.

Notre indépendance de classe

1. L'indépendance politique est le troisième aspect de notre stratégie de lutte de classes pour la lutte contre

l'oppression des femmes. Nous n'ajournons ni ne subordonnons aucune revendication, action ou lutte de femmes pour nous conformer aux exigences ou aux centres d'intérêts politiques des forces politiques bourgeoises ou réformistes avec leur théâtre parlementaire et leurs manœuvres électorales.

2. Nous luttons pour préserver l'indépendance des organisations et des luttes de libération des femmes par rapport aux forces et aux partis bourgeois. Nous nous opposons aux tentatives de détournement des luttes des femmes vers la construction de commissions femmes au sein des partis capitalistes ou orientées vers la politique bourgeoise, comme tel a été le cas aux USA, au Canada et en Australie. Nous sommes contre la formation d'un parti politique de femmes comme celui qui est apparu en Belgique, et tel que l'ont prôné certains groupes féministes en Espagne et ailleurs. L'élection de davantage de femmes à des responsabilités publiques sur la base d'un programme libéral bourgeois ou petit-bourgeois radical, s'il reflète un changement d'attitudes, ne peut rien pour faire avancer les intérêts des femmes.

La libération des femmes fait partie de la lutte historique de la classe ouvrière contre le capitalisme. Nous nous efforçons de faire prendre conscience de ce lien aux femmes et à la classe ouvrière. Mais nous ne rejetons pas le soutien de personnalités ou de politiciens bourgeois qui expriment leur accord avec une de nos revendications ou un de nos objectifs. C'est notre camp qu'ils renforcent et non le leur. C'est leur contradiction, pas la nôtre.

3. Nous cherchons à créer une unité d'action sur certaines revendications ou campagnes spécifiques, avec les forces les plus larges possible, en particulier avec les partis de masse de la classe ouvrière. Mais nous rejetons l'orientation politique des partis staliniens et sociaux-démocrates. La politique et l'attitude de ces deux courants dans la classe ouvrière sont fondées sur la préservation des institutions du système capitaliste, y compris la famille, même s'il leur arrive de soutenir verbalement les luttes des femmes contre leur oppression. Tous deux sont prêts à subordonner les exigences des femmes à n'importe quelle négociation pour un accord de collaboration de classes à un moment donné, que ce soit avec la monarchie en Espagne, avec les démocrates-chrétiens en Italie, ou les partis bourgeois d'opposition en Allemagne de l'Ouest ou en Grande-Bretagne. Les staliniens ne se lassent jamais de répéter aux femmes que la route du bonheur passe par « *la démocratie avancée* » ou la « *coalition antimonopoliste* ». Ils conseillent aux femmes de ne pas exiger plus que la « *démocratie* » (c'est-à-dire le capitalisme) ne peut accorder. Les sociaux-démocrates, surtout quand ils dirigent des plans « *d'austérité* » pour la bourgeoisie, ne tardent jamais à appliquer les réductions des dépenses dans les services sociaux qu'exige la bourgeoisie, mesures qui frappent souvent le plus durement les femmes.

4. C'est seulement par une rupture programmatique et organisationnelle sans compromission avec la bourgeoisie et toutes les formes de collaboration de classes que la classe ouvrière et ses alliés, y compris les femmes en lutte pour leur libération, peuvent se mobiliser pour former une force puissante et pleine d'assurance, capable de mener la révolution socialiste à son terme. La tâche du parti marxiste-révolutionnaire est de fournir une direction pour éduquer les masses, y compris le mouvement des femmes, par l'action et la propagande dans cette perspective de lutte de classes.

Les tâches de la IVe Internationale aujourd'hui

1. La nouvelle émergence du mouvement de libération des femmes a connu des développements inégaux à l'échelle mondiale, et la prise de conscience féministe a eu un impact à des degrés divers. Mais la vitesse avec laquelle les idées révolutionnaires et les leçons des luttes se transmettent d'un pays à l'autre, et d'un secteur de la révolution mondiale à l'autre, garantit l'extension continue des luttes de libération des femmes. La remise en question de plus en plus généralisée du rôle traditionnel des femmes crée un climat favorable à la formation et la propagande marxistes, ainsi qu'à une pratique concrète de soutien à la libération des femmes. À travers notre presse et nos activités de propagande, la IVe Internationale a de plus en plus de possibilités d'expliquer la source et la nature de l'oppression des femmes, notre programme pour en finir avec cette oppression en même temps qu'avec la société de classes où elle s'enracine, et la dynamique révolutionnaire de la lutte des femmes pour leur libération.

2. La participation de nos sections et des organisations sympathisantes au mouvement de libération des femmes dans de nombreux pays a montré qu'il existe un potentiel considérable pour organiser et mener des campagnes sur des problèmes soulevés au cours de la lutte contre l'oppression des femmes. Ces campagnes offrent souvent des possibilités — surtout à nos camarades femmes — d'acquérir une expérience précieuse et de jouer un rôle dirigeant dans le mouvement de masse. Elles permettent souvent aux camarades, même en nombre relativement restreint, de jouer un rôle politique significatif et de gagner une influence au sein de forces beaucoup plus larges. Notre soutien et notre participation active au mouvement de libération des femmes nous ont déjà valu beaucoup de nouvelles adhésions.

L'orientation des sections et des organisations sympathisantes de la IVe Internationale est d'engager nos forces dans la construction du mouvement de libération des femmes et des campagnes d'intervention sur des thèmes spécifiques tels que l'avortement, les crèches, le droit à l'emploi et d'autres aspects de notre programme.

Nous stimulons aussi la solidarité internationale dans le mouvement des femmes et, là où c'est possible, la coordination internationale de campagnes d'action sur des thèmes communs.

3. Outre notre participation à toutes les diverses formes d'organisation indépendante qui sont apparues comme partie prenante de la radicalisation des femmes, il nous faut intégrer la propagande et l'activité sur la libération des femmes dans tous nos secteurs d'intervention, depuis les syndicats jusqu'au milieu étudiant. C'est surtout parmi la jeunesse (étudiantes, jeunes travailleuses, jeunes femmes au foyer) que nous trouverons la plus grande réceptivité à nos idées et à notre programme, et la plus grande volonté d'agir.

La responsabilité de l'intervention femmes n'incombe pas aux camarades femmes seules, bien qu'elles soient appelées à la diriger. Comme pour toutes les autres questions, la totalité des militants et de la direction doit être au courant de notre travail, participer collectivement à l'élaboration de notre ligne politique et prendre en charge nos campagnes et notre propagande dans tous les secteurs de la lutte des classes où nous intervenons. Les camarades hommes, tout comme les camarades femmes, aideront à faire progresser cet objectif.

4. Pour organiser et prendre en charge un travail femmes systématique, les sections de la IVe Internationale devraient mettre sur pied des commissions ou fractions composées des camarades qui sont impliqués dans cette intervention. Ces fractions incluraient les camarades hommes aussi bien que les femmes, selon l'intervention à laquelle ils participent. Elles devraient aider les instances de direction concernées à prêter une attention régulière à tous les aspects de notre travail concernant les questions et les revendications mises en avant par le mouvement de libération des femmes, y compris les propositions relatives à l'éducation interne de nos propres militants.

En mettant en place de telles commissions et fractions, responsables avec les directions de la discussion et de l'application d'un travail systématique, nous pouvons tirer parti au maximum des opportunités d'intervention qui nous sont offertes et rendre nos militants pleinement conscients de l'importance politique de la lutte de libération des femmes.

5. Une formation systématique sur l'histoire de l'oppression des femmes et leurs luttes, ainsi que les questions théoriques et politiques en jeu, devrait être mise sur pied dans les sections de la IVe Internationale. Cette formation ne devrait pas être limitée à des écoles de formation épisodiques mais devenir partie intégrante de la vie quotidienne de l'organisation. Elle doit faire partie de la formation politique de tous les militants, dans le cadre de leur acquisition et de leur approfondissement de la compréhension des positions fondamentales du marxisme-révolutionnaire.

Nous n'avons aucunement l'illusion que les sections puissent être des îlots de la future société socialiste flottant dans un marais capitaliste, ou que des camarades puissent individuellement échapper totalement à l'éducation et au conditionnement qui découlent de la bataille quotidienne pour survivre dans la société de classes. Des attitudes sexistes s'expriment parfois dans les rangs de la IVe Internationale. Mais c'est une condition d'appartenance à la IVe Internationale que le comportement des camarades et des sections soit en harmonie avec nos principes de base. Nous formons les membres de la IVe Internationale à une compréhension pleine et entière de l'oppression des femmes, de sa nature et des voies pernicieuses par lesquelles elle s'exprime. Nous luttons pour créer une organisation où un langage, des plaisanteries, des violences et autres actes phallocratiques ne soient pas tolérés, pas plus que des attitudes et des manifestations de racisme ne sauraient être admises sans réaction.

6. Les militantes de nos organisations sont confrontées à des problèmes particuliers, à la fois matériels et psychologiques, issus de leur oppression dans la société de classes. Elles doivent souvent consacrer autant de temps aux tâches domestiques que les autres femmes, surtout si elles ont des enfants. Elles n'échappent pas à ce manque d'assurance, cette timidité, cette crainte d'accéder aux directions, que l'on apprend aux femmes depuis la naissance à considérer comme « *naturels* ». Ces obstacles au recrutement, à l'intégration et à l'accession aux directions des camarades femmes doivent être discutés et traités consciemment dans le parti.

Comme pour toutes les autres questions, la direction doit prendre en charge ce problème :

a) Il faut accorder pleine attention à la formation, la progression politique et l'accession aux directions des camarades femmes. Ce devrait être un souci constant de toutes les structures de direction, à tous les niveaux des sections et de l'Internationale. Il faut veiller à s'assurer que l'on encourage, et surtout, que l'on aide les femmes à assumer des responsabilités qui les incitent à développer pleinement leurs capacités : prise en charge de la formation, de la rédaction d'articles, des rapports politiques, du rôle de porte-parole et de candidates pour l'organisation, de direction de l'intervention. Seules de telles mesures volontaristes peuvent permettre aux cadres femmes de se développer au maximum et garantir que, lorsqu'elles sont élues à des instances de direction à tous les niveaux, il s'agisse d'un développement réel de cadres politiques dirigeantes, solides et sûres d'elles-mêmes, et non d'une mesure artificielle qui peut se révéler nocive, et pour les camarades concernées, et pour l'ensemble de l'organisation.

Dans un tel cadre de développement conscient des directions, nous nous efforçons d'augmenter au maximum le nombre de femmes dans les instances de direction centrales de nos sections, des organisations sympathisantes et de l'Internationale. Ce processus sera facilité par le fait qu'un nombre croissant de camarades se trouvera à l'avant-garde des travailleuses luttant pour avoir accès aux emplois dont les femmes sont traditionnellement exclues au sein du prolétariat industriel. La confiance en elles-mêmes qu'elles gagnent en faisant partie des secteurs les plus puissants et les mieux organisés de la classe ouvrière ; le respect que cela leur vaut, tant de la part des travailleurs que des autres travailleuses ; l'expérience qu'elles acquièrent en tant que dirigeantes de notre classe : ce sont là des éléments décisifs pour la transformation de la conscience du parti et pour le développement des camarades femmes en tant que dirigeantes de toute l'organisation.

b) Pour les camarades femmes en particulier, les difficultés créées par les énormes carences en matière de crèches subventionnées par l'État sont très souvent un obstacle à leur pleine participation aux réunions et autres activités :

Au fur et à mesure que les sections connaissent une croissance et que leur composition devient plus ouvrière, nous recruterons plus de camarades qui ont des enfants.

Dans nos activités publiques et à travers notre intervention dans le mouvement de masse, nous cherchons à faire prendre conscience à des forces sociales plus larges de la nécessité de crèches organisées. Nous essayons de gagner le soutien du mouvement ouvrier et nous mettons la priorité sur la lutte pour des équipements collectifs (crèches...) organisés et subventionnés par l'État.

Nous nous battons pour que les organisations ouvrières de masse comme les syndicats organisent les réunions à des heures qui facilitent la participation des femmes et qu'elles utilisent leurs ressources pour mettre en place des garderies.

Sur le plan interne, les camarades doivent être conscients en permanence des charges supplémentaires et des obstacles qui découlent des inégalités sociales et économiques engendrées par le capitalisme, surtout pour les femmes et les camarades des nationalités opprimées. Ce sont des problèmes que nous prenons en considération.

Dans cette perspective, la direction est tenue de chercher avec les camarades qui ont des responsabilités familiales, des solutions collectives leur permettant de surmonter les obstacles auxquels elles sont confrontées dans leur activité politique.

Par exemple, quand on demande à un/une camarade qui a des enfants de devenir permanent(e), la direction est responsable de discuter et d'essayer de résoudre les problèmes particuliers qui se posent, financiers ou autres.

En même temps, nous reconnaissons qu'il y a des limites à ce que le parti peut faire. Le parti lui-même ne peut assurer l'obligation matérielle d'éliminer les inégalités sociales et économiques engendrées par la société de classes. Nous ne pouvons assurer les services sociaux que le capitalisme ne prend pas en charge. Le parti n'a pas pour obligation générale d'organiser des crèches afin d'éliminer toute inégalité dans la situation des camarades, pas plus que des tâches relatives à la garde des enfants ne peuvent être imposées à un(e) quelconque camarade. Une telle approche modifierait le but et le caractère mêmes du parti, en tant qu'organisation politique. Ce qui nous lie, c'est notre détermination commune à détruire le système qui perpétue l'inégalité, notre accord sur le programme pour atteindre un tel objectif et notre loyauté envers le parti qui se base sur ce programme.

Le processus d'éducation de nos propres militants ira de pair et sera facilité par l'implication croissante de nos sections dans la lutte pour la libération des femmes. L'impact de cette lutte sur la conscience et l'attitude de tous les camarades est déjà profond. La place nouvelle qu'occupe la question de l'oppression des femmes dans l'Internationale, qui reflète notre implication dans la lutte pour la libération des femmes, est un événement d'importance historique. L'assurance, la maturité politique, et les capacités de direction croissantes des camarades femmes de la IVe Internationale représentent une avancée significative des forces effectives de la direction révolutionnaire à l'échelle mondiale.

La montée nouvelle des luttes de femmes à l'échelle internationale et l'émergence d'un puissant mouvement de libération des femmes qui précède des luttes révolutionnaires pour le pouvoir est un événement de première importance pour le parti mondial de la révolution socialiste. La puissance politique de la classe ouvrière s'en trouve accrue, ainsi que la probabilité de succès de la révolution internationale dans l'accomplissement final de ses tâches de reconstruction socialiste. La montée du mouvement de libération des femmes est une garantie supplémentaire contre la dégénérescence bureaucratique des révolutions à venir.

La lutte pour libérer les femmes de la servitude où la société de classes les a placées est une lutte pour libérer toutes les relations humaines des entraves de la contrainte économique et pour lancer l'humanité sur la voie d'un ordre social supérieur.

Novembre 1979

Résolution sur les réunions internes de femmes

Ces dernières années, un certain nombre de sections de la IVe Internationale ont adopté des résolutions autorisant la tenue de réunions non-mixtes — c'est-à-dire de réunions internes ouvertes aux seules camarades femmes.

Alors que nous soutenons et défendons le droit des femmes à tenir de telles réunions dans les organisations non-léninistes, nous sommes opposés à de tels regroupements au sein du parti révolutionnaire.

L'apparition de réunions non-mixtes dans plusieurs sections reflétait l'existence de problèmes politiques très réels, ainsi que les carences de la direction.

Cela s'exprimait par un manque de sensibilité face à l'ampleur des problèmes spécifiques auxquels sont confrontées les camarades femmes, par une incapacité à comprendre l'importance du mouvement de libération des femmes et la place qu'il occupe dans la lutte de classes, par la lenteur à répondre à la montée du mouvement féministe ou la résistance à attribuer des tâches aux camarades dans le travail de libération des femmes et à intégrer ce dernier dans toutes les sphères de notre activité politique. À cause de ces erreurs, nous avons malheureusement perdu des cadres de valeur et raté des opportunités politiques. Ce type de situation a plus d'une fois entraîné une explosion d'amertume de la part des camarades, en particulier des femmes, conscientes que ce sont souvent des attitudes sexistes qui sont à la base de ces erreurs, ce qui complique d'autant la tâche pour parvenir à les corriger.

Dans un effort pour tenter de changer une telle situation, des camarades femmes de plusieurs sections ont demandé le droit de se réunir dans des réunions non-mixtes, dont tous les camarades hommes soient exclus, pour discuter de la situation interne au parti.

Notre soutien au droit des femmes à tenir de telles réunions dans les organisations du mouvement de masse découle du fait que les autres organisations ne se fondent pas sur un programme marxiste-révolutionnaire qui représente les intérêts historiques des femmes et de la classe ouvrière. Leurs directions ne sont pas démocratiquement élues pour défendre un tel programme. Il y a une contradiction, par exemple, entre les intérêts de la bureaucratie syndicale et les exigences des syndiqués et des femmes. Dans ce contexte, le droit des femmes à organiser des réunions non-mixtes devient une question de démocratie élémentaire et fait partie de la lutte pour donner une orientation politique de lutte de classes au syndicat.

Mais le parti marxiste-révolutionnaire ne peut accomplir les tâches historiques qu'il s'est fixées que s'il est capable d'unir dans ses rangs et sa direction les représentants les plus conscients et les plus combatifs de la classe ouvrière et surtout de ses couches les plus opprimées et exploitées. Pour ce faire, il doit surmonter les divisions profondes entretenues par le capitalisme et forger une organisation qui ait une confiance profonde dans sa compréhension et son engagement communs face à ses tâches. Cela est concrétisé dans le programme du parti marxiste-révolutionnaire qui synthétise les expériences, les revendications et l'imbrication entre les luttes de tous les exploités et les opprimés, et qui les intègre dans une orientation stratégique visant à la révolution prolétarienne.

C'est de ce programme que nous faisons découler nos normes organisationnelles. De même que nous n'avons qu'un seul programme, nous n'avons qu'une seule catégorie de militants. Chaque camarade, homme ou femme, ouvrier ou petit-bourgeois, jeune ou vieux, cultivé ou illettré, a les mêmes droits quand il s'agit de déterminer le programme du parti et son intervention, les mêmes responsabilités en ce qui concerne l'application de ces décisions. Le programme politique et la ligne d'intervention du parti ainsi que son fonctionnement interne doivent être discutés et tranchés démocratiquement, avec la participation de tous ses membres.

Toutes les fractions, commissions, tendances ou autres structures internes doivent être organisées démocratiquement, c'est-à-dire ouvertes à tous les militants responsables d'une intervention particulière, ou à tous les militants qui se reconnaissent dans la plate forme d'une tendance, sans considération de sexe, de race, d'âge, de langue, d'origine de classe ou de quoi que ce soit.

Mais dans un parti marxiste-révolutionnaire, quelles que soient ses faiblesses et ses carences, il n'y a pas de contradiction intrinsèque entre le programme, la direction et la base. C'est pourquoi l'organisation de réunions non-mixtes va à l'encontre de la démocratie interne du parti et de la construction du type d'organisations dont nous avons besoin pour mettre en œuvre notre programme de classe.

Dans la mesure où elles sont généralement créées dans le but exprès de discuter *uniquement* des problèmes internes, les réunions non-mixtes sont incapables d'impulser un processus permettant de résoudre les contradictions internes. Ceci ne sera possible qu'à travers l'adoption d'une ligne correcte et d'une intervention dans le mouvement de masse pour construire le parti. Seule une telle démarche permettra l'éducation et l'évolution des membres de l'organisation.

Des expériences répétées ont montré — en pratique comme en théorie — que la création de réunions non-mixtes ne contribue pas à résoudre les problèmes qui ont conduit à leur formation. Elles créent plutôt une dynamique centrifuge, donnant l'impression que le parti est une fédération de groupes aux intérêts conflictuels, chacun défendant son propre programme et ses propres priorités plutôt qu'une organisation unie sur la base d'un programme commun et d'une répartition des tâches. Souvent les réunions non-mixtes renforcent l'attitude selon laquelle c'est aux camarades femmes seules qu'il incomberait de résoudre les problèmes. De telles réunions poussent les femmes à se replier sur elles-mêmes de manière négative. Elles renforcent les frustrations et la désorientation politique aussi bien des camarades hommes que des camarades femmes, et souvent elles accélèrent plutôt qu'elles n'empêchent le départ des femmes de l'organisation. Comme elles ne se fondent pas sur la démocratie interne, les réunions non-mixtes mettent aussi en question le centralisme dans l'action. Elles sont en contradiction avec notre programme et avec nos normes organisationnelles de centralisme démocratique.

Une forte pression pour organiser de telles commissions est un signal d'alarme indiquant que c'est *la direction* qui n'a pas su faire face à la difficulté politique de former le parti sur tous les aspects de la lutte pour la libération des femmes et sa place dans l'intervention du parti. Les problèmes ne peuvent être résolus en condamnant les camarades femmes qui cherchent une solution. La réponse doit être fondamentalement d'ordre politique, et non organisationnel ; et c'est à la direction de prendre la responsabilité de corriger les erreurs, autant qu'il lui incombe de prendre en charge la formation et l'orientation. Les problèmes qui existent ne peuvent être résolus que par une discussion politique approfondie se concrétisant par :

a) existence d'un travail femmes suivi, intégré à tous les secteurs d'intervention ;

b) des mesures conscientes pour le développement d'un cadre qui puisse intégrer les camarades femmes et surmonter les habitudes et attitudes sexistes.

Novembre 1979

LIBÉRATION DES FEMMES ET SOCIALISME

L'origine de la famille, de la propriété privée et de l'État

FRIEDRICH ENGELS

Un des fondateurs du mouvement communiste explique comment l'émergence de la société divisée en classes a entraîné celle d'institutions d'État et de structures familiales répressives qui protègent les biens des couches dominantes et leur permettent de transmettre leur richesse et leurs privilèges. Il examine les conséquences de ces institutions de classe pour ceux qui travaillent, depuis leurs premières formes jusqu'à leurs versions modernes. En anglais. 18 $ US

Les femmes à Cuba

Faire une révolution au sein de la révolution

VILMA ESPÍN, ASELA DE LOS SANTOS, YOLANDA FERRER

La révolution sociale qui a renversé en 1959 la dictature sanglante de Fulgencio Batista a commencé dans les rues de villes comme Santiago de Cuba et dans les zones montagneuses libérées par l'Armée rebelle dans l'est de Cuba. L'intégration sans précédent des femmes dans les rangs et la direction de la lutte est une véritable mesure de son cours révolutionnaire jusqu'à aujourd'hui. Voici les témoignages de première main de femmes qui ont contribué à sa réalisation et qui en racontent l'histoire — et de « la révolution qui a eu lieu en son sein. » Introduction de Mary-Alice Waters. En anglais et en espagnol. 20 $ US

L'émancipation des femmes et la lutte de libération de l'Afrique

THOMAS SANKARA

« Les femmes et les hommes de notre société sont tous victimes de l'oppression et de la domination impérialistes. C'est pourquoi ils mènent le même combat. La révolution et la libération de la femme vont de pair. Et ce n'est pas un acte de charité ou un élan d'humanisme que de parler de l'émancipation de la femme. C'est une nécessité fondamentale pour le triomphe de la révolution. » 8 $ US. Aussi en anglais, espagnol et farsi.

Les cosmétiques, la mode et l'exploitation des femmes

JOSEPH HANSEN, EVELYN REED, MARY-ALICE WATERS

Comment le grand capital joue sur le statut inférieur et l'insécurité sociale des femmes pour vendre des cosmétiques et empocher des profits. L'introduction de Mary-Alice Waters explique comment l'entrée de millions de femmes sur le marché du travail durant et après la deuxième guerre mondiale a transformé de manière irréversible la société US et jeté les bases d'une nouvelle montée des luttes pour l'émancipation des femmes. En anglais et espagnol. 15 $ US

NOUVEAUX DE PATHFINDER

Les Cinq Cubains

Qui ils sont
Pourquoi le coup monté contre eux
Pourquoi ils doivent être libres

Ce cahier décrit la lutte internationale pour libérer Gerardo Hernández, Ramón Labañino, Antonio Guerrero, Fernando González et René González. Il montre comment la bataille pour défendre les Cinq fait partie de la lutte de classe aux États-Unis, où des millions de travailleurs savent comment les tribunaux et les prisons servent à punir ceux qui refusent d'accepter les conditions que le capitalisme nous impose. 5 $ US. Aussi en anglais et en espagnol.

Cuba et l'Angola

Lutter pour la libération de l'Afrique et pour la nôtre

La défaite de l'armée du régime de l'apartheid en Afrique du Sud il y a plus de 25 ans à Cuito Cuanavale en Angola a été, selon les paroles de Nelson Mandela, « un jalon dans l'histoire de la lutte pour la libération de l'Afrique australe. » Dans ce livre, cette histoire est racontée par ceux qui l'ont vécue et qui l'ont faite — ce qui comprend les récits de trois des Cinq Cubains qui ont combattu en Angola. En anglais et en espagnol. 12 $ US

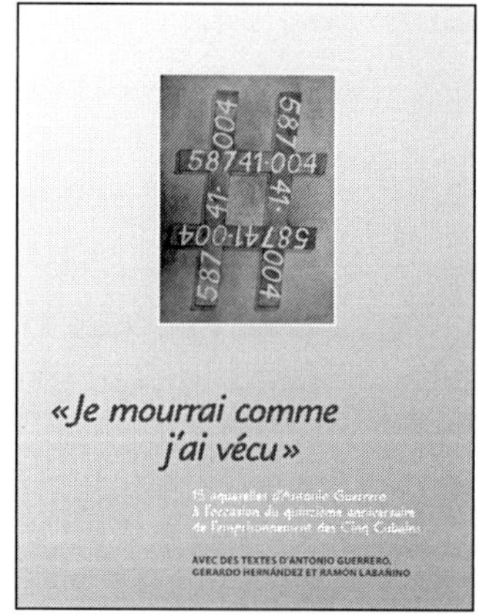

« Je mourrai comme j'ai vécu »

15 aquarelles d'Antonio Guerrero, peintes à l'occasion du 15e anniversaire de l'incarcération des Cinq Cubains.

Ces 15 toiles décrivent de manière frappante les 17 mois passés par les Cinq Cubains dans le « trou » du Centre de détention fédéral de Miami à la suite de leur arrestation en 1998. Cette fenêtre permet aux travailleurs de partout de s'identifier avec les batailles menées par les Cinq et d'apprécier non seulement leur intégrité, leur courage et leur créativité, mais aussi leur sens de l'humour. 7 $ US. Aussi en anglais et en espagnol.

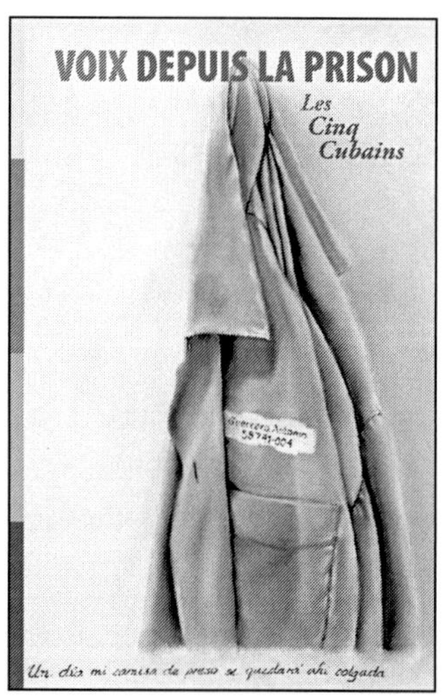

Voix depuis la prison

les Cinq Cubains

L'intégrité, la force et l'humanité révolutionnaires des Cinq ressortent des voix entendues ici, ainsi avant tout que le respect qu'ils ont gagné auprès des autres prisonniers. Et pourquoi la même chose se produit parmi les travailleurs de partout qui ont subi dans leur propre vie les effets de la « justice » capitaliste. 7 $ US. Aussi en anglais, espagnol et arabe.

WWW.PATHFINDERPRESS.COM

Élargissez votre bibliothèque révolutionnaire

MALCOLM X, LA LIBÉRATION DES NOIRS ET LA VOIE VERS LE POUVOIR OUVRIER

Jack Barnes

« Ne commencez pas avec les Noirs en tant que nationalité opprimée. Commencez avec la place et le poids d'avant-garde des travailleurs qui sont noirs dans les grandes luttes politiques et sociales dirigées par le prolétariat aux États-Unis. De la guerre civile à aujourd'hui, le bilan est ahurissant. C'est la force et la résistance qui vous sidèrent, pas l'oppression. » JACK BARNES

Tirant les leçons d'un siècle et demi de lutte, ce livre nous aide à comprendre pourquoi c'est la conquête révolutionnaire du pouvoir par la classe ouvrière qui rendra possible la bataille finale pour la libération des Noirs — et ouvrira la voie à un monde basé non pas sur l'exploitation, la violence et le racisme, mais sur la solidarité humaine. Un monde socialiste. 20 $ US. Aussi en anglais et en espagnol.

À lire en complément à

LE VISAGE CHANGEANT DE LA POLITIQUE AUX ÉTATS-UNIS

La politique ouvrière et les syndicats

Jack Barnes

Un guide pour les travailleurs qui cherchent à construire le genre de parti nécessaire pour nous préparer aux batailles de classe qui viennent, dans lesquelles nous nous révolutionnerons, révolutionnerons nos syndicats et révolutionnerons toute la société. 24 $ US. Aussi en anglais, espagnol et suédois.

UNE RÉVOLUTION SOCIALISTE EST-ELLE POSSIBLE AUX ÉTATS-UNIS ?

Mary-Alice Waters

Dans deux présentations faites au Salon du livre international du Venezuela en 2007 et 2008, Mary-Alice Waters explique pourquoi une révolution socialiste est possible aux États-Unis. Et pourquoi les travailleurs mèneront inévitablement des luttes révolutionnaires, que les classes possédantes nous obligeront à livrer en s'attaquant à nous sous la pression de la crise. Alors que la solidarité s'approfondit parmi une avant-garde ouvrière combative, on peut déjà entrevoir les contours des batailles de classe qui viennent. 7 $ US. Aussi en anglais, espagnol et suédois.

Nouvelle Internationale

UNE REVUE DE POLITIQUE ET DE THÉORIE MARXISTES

Le long hiver chaud du capitalisme a commencé

JACK BARNES

La dépression capitaliste mondiale qui s'accélère aujourd'hui — les premières étapes de ce qui sera des décennies de convulsions économiques, financières et sociales, et de batailles de classe — s'accompagne de la poursuite du plus important changement dans la politique et dans l'organisation militaires de Washington depuis l'escalade US qui a conduit à la deuxième guerre mondiale. Les travailleurs ayant un esprit de lutte de classe doivent faire face à ce point tournant de l'impérialisme et prendre plaisir à projeter avec audace un cours révolutionnaire pour l'affronter. *Nouvelle Internationale* n° 7. 16 $ US. Aussi en anglais, espagnol, suédois et arabe.

Notre politique commence avec le monde

JACK BARNES

Le fonctionnement du capitalisme engendre, reproduit et accentue les énormes inégalités économiques et culturelles qui existent entre les pays impérialistes et semi-coloniaux, et entre les classes de presque tous les pays. Pour que les travailleurs d'avant-garde puissent construire des partis capables de diriger une lutte révolutionnaire victorieuse dans nos propres pays, dit Jack Barnes, nous devons guider notre activité avec une stratégie visant à combler cet écart. *Nouvelle Internationale* n° 8. 14 $ US. Aussi en anglais, espagnol et suédois.

Le désordre mondial du capitalisme

JACK BARNES

La dévastation sociale et les paniques financières, le durcissement de la politique, la brutalité policière, la militarisation de la vie quotidienne et les actes d'agression impérialiste — aucune de ces réalités n'est le produit de quelque chose qui s'est détraqué dans le capitalisme, mais bien des lois qui régissent son fonctionnement. La lutte unitaire des travailleurs et des agriculteurs de plus en plus conscients de leur capacité de transformer le monde peut changer l'avenir. 25 $ US. Aussi en anglais et en espagnol.

Le socialisme au banc des accusés

Témoignage au procès pour sédition de Minneapolis

JAMES P. CANNON

Le programme révolutionnaire de la classe ouvrière, tel que présenté en 1941 lors du procès pour « complot séditieux » de dirigeants du mouvement syndical de Minneapolis et du Parti socialiste des travailleurs. Ce livre comprend la réponse de l'auteur à des critiques gauchistes adressées aux accusés, où il s'appuie sur les leçons du mouvement ouvrier depuis Marx et Engels à la révolution d'octobre et au-delà. En anglais et en espagnol. 16 $ US

50 années d'opérations secrètes aux USA

La police politique de Washington et la classe ouvrière américaine

LARRY SEIGLE, FARRELL DOBBS, STEVE CLARK

La campagne politique menée pendant 15 ans par le Parti socialiste des travailleurs afin de mettre à nu des décennies d'espionnage et de perturbation par le FBI et d'autres agences policières à l'encontre des organisations ouvrières et d'autres opposants aux politiques du gouvernement. Retrace les origines des efforts bipartites visant à étendre les pouvoirs présidentiels et à construire un État de « sécurité nationale » essentiel au maintien du régime capitaliste. Comprend « La guerre impérialiste et la classe ouvrière » de Farrell Dobbs. En anglais et en espagnol. 12 $ US

Le Manifeste communiste

KARL MARX, FRIEDRICH ENGELS

Le document fondateur du mouvement ouvrier moderne, publié en 1848. Il explique pourquoi le communisme ne découle pas de principes préconçus, mais de la ligne de marche de la classe ouvrière vers le pouvoir, un mouvement généré par « une lutte de classe existante, un mouvement historique qui s'opère sous nos yeux. » 5 $ US. Aussi en anglais, espagnol et arabe.

Thomas Sankara parle

La révolution au Burkina Faso, 1983-1987

Sous la direction de Thomas Sankara, le gouvernement révolutionnaire du Burkina Faso en Afrique de l'Ouest a mobilisé les paysans, les travailleurs, les femmes et les jeunes pour mener des campagnes d'alphabétisation et de vaccination ; creuser des puits, planter des arbres, construire des barrages et des logements ; combattre l'oppression des femmes et transformer les relations d'exploitation à la campagne ; se libérer du joug impérialiste et se solidariser avec ceux qui étaient engagés dans cette lutte ailleurs dans le monde. 24 $ US. Aussi en anglais.

L'histoire de la révolution russe

LÉON TROTSKY

Le récit classique de la dynamique sociale, économique et politique de la première révolution socialiste, raconté par l'un de ses principaux dirigeants. Trotsky décrit comment, sous la direction de Lénine, le Parti bolchevique a conduit la classe ouvrière, la paysannerie et les nationalités opprimées à renverser le régime monarchiste des propriétaires fonciers et des capitalistes et à porter au pouvoir un gouvernement des travailleurs et des paysans, qui est devenu un exemple pour les travailleurs du monde entier. Deux volumes. 28 $ US chacun. Aussi en anglais et en russe.

La classe ouvrière et la transformation de l'éducation

L'imposture de la réforme de l'école sous le capitalisme

JACK BARNES

« Jusqu'à ce que la société soit réorganisée de façon à ce que l'éducation soit une activité humaine de notre prime jeunesse à notre mort, il n'y aura pas d'éducation digne de l'humanité travailleuse et créatrice. » 3 $ US. Aussi en anglais, espagnol, farsi, grec, islandais et suédois.

Rébellion Teamster

FARRELL DOBBS

Les grèves de 1934 qui ont construit le mouvement des syndicats industriels à Minneapolis et contribué à l'essor du CIO en Amérique du Nord sont ici racontées par un dirigeant central de ces batailles. Le premier d'une série de quatre livres sur la direction de lutte de classe de ces grèves et des campagnes de syndicalisation qui ont transformé le syndicat des Teamsters en un mouvement social de combat dans la plus grande partie du Midwest et montré la voie en avant vers l'action politique ouvrière indépendante. Introduction de Jack Barnes. 19 $ US. Aussi en anglais, espagnol et suédois.